유럽에서 온
핸드메이드 까또나주

스텝

작품 어시스턴트 | 가쓰 기미에, 무라코시 도모코, 야마구치 가오리
촬영 | 유키 고타, 도미나가 도모토
스타일링 | 포토 스타일링 재팬

유럽에서 온
핸드메이드 까또나주

사에키 마키 지음 | 김남미 옮김

samho MEDIA

CONTENTS

Letter

Desk

Stationery

Accessory

Make-Up

Kids Room

Living Room

Handmade

9

10

11

12

Dress-Up

Picnic

Party

Present

Letter

사랑스러운 분홍빛의
카드 상자와 명함 지갑입니다.
뚜껑을 열면 화사한 꽃무늬가
눈길을 사로잡지요.
카드에 담긴 감사의 마음을
간직하세요.

© LIBERTY PLC

카드 상자
How to make ▶ P.42

ATELIER ROSEBERRY
Brussels, Belgium

명함 지갑
How to make ▶ P.66

7

연필꽂이
How to make ▶ P.68

마우스패드
How to make ▶ P.68

Desk

연필꽂이, 마우스패드, 서류함을
모두 같은 원단으로 통일했습니다.
어질러지기 쉬운 책상이
한결 정돈되어 보입니다.

서류함
How to make ▶ P.69

Stationery

핸디 사이즈의 메모지 커버와
펜슬 케이스는 사용할 때도
기분이 좋아지는 아이템.
원통형의 시계도 무척 실용적입니다.

메모지 커버
How to make ▶ P.45

펜슬 케이스
How to make ▶ P.67

시계
How to make ▶ P.70

11

Accessory

장신구를 걸어두는 액자와 손거울,
멀티 박스를 시원한 블루톤으로 통일했습니다.
드레스룸 한쪽에 액세서리 코너를
만들어 활용해보세요.

액자A
How to make ▶ P.69

손거울
How to make ▶ P.71

멀티 박스
How to make ▶ P.76

Make Up

작지만 실용적인 메이크업 박스와
화장품 도구를 수납할 수 있는
사다리꼴 바구니입니다.
앙증맞은 핑크빛 원단이 포인트!

메이크업 박스
How to make ▶ P.72

사다리꼴 바구니
How to make ▶ P.74

미니 티슈 박스
How to make ▶ P.48

티슈 박스
How to make ▶ P.48

핸드타월 트레이
How to make ▶ P.52

Kids Room

정리가 서툰 아이를 위한
작은 티슈 박스와 트레이입니다.
특히 트레이는 만들기 쉬우면서도
유용한 아이템!
리본을 달아 포인트를 주었습니다.

액자B
How to make ▶ P.69

리모컨꽂이
How to make ▶ P.75

Living Room

따뜻한 느낌의 리넨으로
느긋하게 쉬고 싶은 공간을 완성했습니다.
리모컨꽂이는 늘 필요했던 아이템!

세로형 도구함
How to make ▶ P.54

20

바인더

How to make ▶ P.76

Handmade

핸드메이드 작업을 위한
도구함과 바인더입니다.
자잘한 도구를 보관할 수 있는 도구함과
아이디어를 스크랩할 수 있는 바인더는
작품 활동의 필수 아이템입니다.

21

배니티 백
How to make ▶ P.78

22

Dress-Up

예쁘게 꾸민 날에는
배니티 백을 들고 외출해보세요.
좋아하는 무늬의 천으로 백을 만들고
네임태그까지 달면
성숙한 분위기를 낼 수 있습니다.

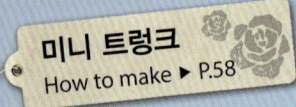

미니 트렁크
How to make ▶ P.58

24

네임태그
How to make ▶ P.77

Picnic

두근두근 설레는 마음을
미니 트렁크에 담아 소풍을 떠나요!
고급스러운 자물쇠와 가죽끈,
네임태그가 멋스럽습니다.

선물 상자
How to make ▶ P.80

26

Party

사방에 작은 서랍이 달린
귀여운 선물 상자입니다.
서랍에 사탕, 초콜릿 등을 넣고
리본을 달아주면 분위기도 UP!

반지함
How to make ▶ P.62

28

Present

사랑의 마음을 담은 우아한 반지함입니다.
여러 개의 반지를 보관할 수도 있지요.
만들기 쉬워 초보자도 OK!

벨기에에서 온
까또나주 소식

거리마다 사람과 여유로움이 넘치는 벨기에.
그곳에서 까또나주를 만드는 사에키 마키 씨의 생활을 소개합니다.

원단을 찾아 플리마켓으로
✳월 ☁일

원단은 까또나주에 없어서는 안될 재료입니다. 어떤 원단을 어떻게 조합하는지를 보면 그 사람의 개성이 보인다 해도 과언이 아니지요. 유럽에서는 주말마다 다양한 플리마켓이 열리는데, 오늘은 원단을 구입하기 위해 집을 나섰습니다.

앗! 오늘은 까또나주에 잘 어울리는 '트왈 드 주이(18세기 프랑스의 인물이나 풍경을 모티브로 한 전통적인 무늬)' 원단 발견! 아껴 써야겠습니다.

까또나주 레슨이 있는 날!
✳월 ☁일

오늘은 제가 운영하는 아틀리에 로즈베리의 까또나주 레슨이 있는 날입니다. 수강생 대부분이 이곳 벨기에에 거주하는 일본인이지요. 자신만의 감각으로 원단을 조합하고 즐기는 모습을 보면 큰 보람을 느낀답니다.

이 책에 소개하는 작품 중 몇 가지는 제 커리큘럼에도 포함되어 있는데, 메이크업 박스와 티슈 박스, 미니 트렁크는 수강생들에게도 인기 있는 아이템입니다. 그리고 모든 과정을 수료한 분에게는 아틀리에서 특별히 제작한 고리를 선물하고 있습니다. '벨기에에서 특별한 추억이 생겼다!'며 좋아하는 수강생이 많아 기쁩니다.

레이스의 매력에 빠지다 ☀월☁일

오늘은 일 년에 딱 두 번 열리는 레이스 시장에 왔습니다. 리본 실과 보빈 등 레이스를 뜨는 데 필요한 재료와 도구를 살 수 있지요. 특히 브루게(Brugge)와 브뤼셀(Brussel)의 레이스 상점에는 꼭 방문해 보시길 바랍니다. 그 화려하고 섬세함에 놀랄 것입니다.

새로운 앤티크 마켓 발견! ☀월☁일

일본에서 놀러온 친구와 앤티크 마켓을 구경하기로 했습니다. 벨기에의 마켓은 파리 등 여느 유럽 도시의 마켓보다 값이 저렴해 여러 나라의 바이어가 다녀가는 곳입니다.

앤티크한 잡화와 액세서리, 수용예품이 진열되어 있는 곳은 하나같이 근사한 분위기를 자랑하지요. 점원과 이야기를 나누다 뜻밖의 진귀한 물건을 발견하는 재미도 쏠쏠합니다. 유명한 쇼콜라티에도 만나고, 맛있는 와플도 먹고…… 에너지가 충족되는 느낌입니다! 벨기에의 아름다운 거리와 풍요로운 자연은 제 힘의 원천입니다.

원단

마음에 드는 원단을 사용하는 것도
까또나주의 묘미!
이 책에 사용한 원단의
브랜드를 소개합니다.

🇬🇧 영국

로라 애슐리 Laura Ashley

아름다운 꽃무늬 프린트를 비롯해 트렌드를 적당히 반영한 로라 애슐리의 디자인은 여성들의 로망. 큼직한 꽃무늬 원단은 어느 부분을 잘라서 사용하느냐에 따라 작품의 이미지가 달라진다. 색상이 고급스러워 우아한 분위기를 내고 싶을 때 사용하면 좋다.
http://www.lauraashley.com

🇬🇧 영국

캐스 키드슨 Cath Kidston

영국의 전통적인 컨트리 스타일을 디자이너 캐스 키드슨의 감성으로 풀어낸 브랜드. 소녀처럼 사랑스러운 원단이 주를 이루며 도트나 체크무늬와 함께 사용하면 팝적인 이미지를 나타낼 수 있다.
http://www.cathkidston.com

🇸🇪 스웨덴

틸다 TILDA

요즘 가장 유행하는 북유럽풍의 원단 브랜드. 바랜 것처럼 노스탤직한 느낌의 색상이 매력적이다. 아틀리에 수강생들에게도 인기가 많다.
http://www.tildaworld.com

■ 프랑스

마 두반 Mas d'Ouvan

프랑스의 고성에서 보관하고 있던 아름다운 프린트 패브릭을 현대적으로 되살린 브랜드. 시크한 색상과 섬세한 무늬가 백미이며, 쉐비 인테리어에 잘 어울리는 브랜드이다.

http://www.masdouvan.com

■ 덴마크

그린게이트 GreenGate

프렌치 디자인의 클래식한 패턴을 북유럽 특유의 감성으로 표현한 브랜드. 컬렉션마다 새로운 디자인을 선보이며, 트랜드를 선두 하고 있다. 원단의 두께가 까또나주에 적합한 것도 특징.

http://www.greengate.dk

All designs by © LIBERTY PLC

■ 영국

리버티 아트 패브릭스 LIBERTY ART FABRICS

영국의 전통 원단 브랜드로 특유의 색상과 섬세한 무늬가 눈길을 사로잡는다. 원단의 종류가 무척 다양하며, 발색이 선명한 것이 이 브랜드의 특징.

http://www.liberty.co.uk

■ 벨기에

리베코 홈 LIBECO HOME

백오십 년의 역사를 자랑하는 벨기에의 최고급 리넨 브랜드. 품질에 정평이 난 만큼 감촉 또한 매우 좋다. 리넨 특유의 따뜻한 질감이 작품에 자연스러운 분위기를 더해준다.

http://www.libeco.com

도구와 재료

까또나주에 필요한 도구와
재료를 소개합니다.
★ 표시한 도구는 반드시 갖춰야 할
기본 도구입니다.

자 ★
미끄럼 방지 기능이 있는
알루미늄 자가 편리하다.

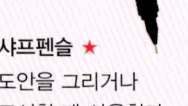

샤프펜슬 ★
도안을 그리거나
표시할 때 사용한다.

목공용 본드 ★
판지를 조립할 때
사용하며, 원단을
붙일 때는 물을 섞어
사용한다.

주걱 ★
판지에 붙인 원단의 모서리를 정리할 때 사용하며,
얇고 끝이 뾰족한 것이 편리하다.

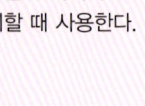

커터 ★
그립이 큰 것이
다루기 좋다.

집게 ★
원단과 판지를
고정할 때 사용한다.

로터리 커터 ★
원단을 늘어나지 않게
자를 수 있다.

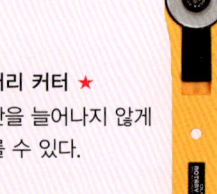

물테이프 ★
판지의 이음새를 보강
하기 위해 사용한다.

종이용 · 원단용 가위 ★
끝이 뾰족한 것이 좋다.

핑킹가위 ★
원단의 곡선을
자를 때 사용한다.

스틱 풀
새틴 리본 등 본드가
스며들기 쉬운 소재의
바탕 처리에 사용한다.

순간접착제
판지나 원단을 강력하게
접착할 때 사용한다. 원단
에 잘 스며들므로 주의.

우레탄
입체감을 주고 싶을 때 사용한다.
압축솜으로 대신할 때는
여러 장을 포개어 사용한다.

붓, 솔 ★
본드를 바를 때
사용한다.
사이즈별로
구비해두면 면적에
맞게 골라 사용할 수
있다.

커팅매트 ★
판지나 원단을 자를 때 깔면
책상에 흠집이 나지 않는다.

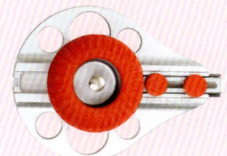

원형 커터
판지를 원형으로 자를 때
사용한다. 간단하면서도
깔끔하게 자를 수 있다.

눈금자
직각을 잴 때
편리하다.

분무기
원단의 주름을 펴거나 판지를
곡선으로 휠 때 사용한다.
안개처럼 미세하게 분무되는
타입이 좋다.

다리미
원단의 주름을 펴거나 들뜬
원단을 붙일 때 사용한다.

줄
판지의 단면이나
거친 면을 매끄럽게
다듬을 때 사용한다.

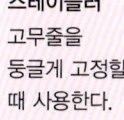

스테이플러
고무줄을
둥글게 고정할
때 사용한다.

줄자
곡선을 측정할 때
편리하다.

컴퍼스
큰 원을 그릴 때는 연필을
끼워 넣는 타입이 편리하다.

재료

2mm 판지
하드보드지, 까또브와, 회
색 대지, 흰색 보드지 등
이 있으며, 주로 본체에
사용한다. 1.5~2.2mm
판지로 대체할 수 있다.

도화지
서랍이나 본체의 바깥
쪽에 사용하며, 색상은
원단에 맞춰 고른다.

1mm 판지
회색 대지, 흰색 보드지
등이 있으며, 1~1.5mm
판지로 대체할 수 있다.

속지
얇은 도화지나 켄트지,
다리미로 붙일 수 있는
핫멜트지 등이 있다.

0.5~0.8mm 판지
까또네, 흰색 보드지 등
이 있으며, 옆면이나 바
닥면, 곡선 부분에 사용
한다.

기본 테크닉

까또나주의 기본 순서와
테크닉을 소개합니다.
꼼꼼히 익혀두세요.

'세로형 도구함'의
도구꽂이에 도전!

※ 세로형 도구함(P.20)의 '도구꽂이'를 예로 들어 설명합니다. 필
요한 판지와 재료를 준비하고(P.54 참조), 판지는 커터로 가볍게 여
러 번 그어 홈을 판 뒤 날이 흔들리지 않을 정도가 되면 단숨에 힘
을 주어 자르세요. 깔끔하게 자를 수 있습니다.

┃조립하기

【원단을 붙인다】

1

옆면M의 하단 2mm에 본드를
바르고, 바닥N을 사이에 끼운
뒤 붙을 때까지 기다린다.

2

판지의 단면인 ㄷ자 부분에 본
드를 바르고 옆면L을 붙인다.

3

빈틈을 본드로 메운다.

4

본체 겉옆면에 원단을 빙 둘
러 붙이고, 끝 부분 시접을
1cm 정도 되접어 가장자리
에 맞춰 붙인다.

┃바닥 시접 처리하기

1

바닥의 네 모서리를 잡아 자
른다.

2

접었을 때 원단이 겹치지 않
도록 시작 부분의 안쪽 원단
을 자른다.

3

시접을 본체 겉바닥에 붙인다.

4

겉바닥S에 원단16을 붙이고
시접을 처리한 뒤, 본체의 겉
바닥에 붙인다.

┃입구 시접 처리하기

1
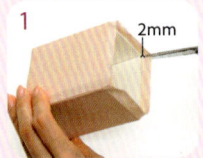

2mm

입구 시접의 2mm 바깥
쪽에 가위집을 넣는다.

2

원단이 겹치지 않도록
시작 부분의 안쪽 원단
을 자른다.

3

좌우 시접을 30°정도
로 비스듬히 자른다.

4

주름이 지지 않게 원단
을 잡아 당기면서 접어
붙인다.

5

속지7에 원단17을 붙
이고 시접을 자른 뒤,
본체 안바닥에 붙인다.
이때 시접은 안옆면에
붙인다.

안옆면에 원단 붙이는 법 1

1

속지8에 원단18을 붙이고, 위아래 모서리를 45°로 잘라 세 변의 시접을 처리한다.

2

시작 부분 2cm 안부터 본드를 발라 1을 빙 둘러 붙인다. 모서리는 주걱으로 정리한다.

3

빈틈을 본드로 메우고, 끝 부분의 모서리를 45°로 잘라 본드를 바르지 않은 시작 부분 밑에 넣어 붙인다.

안옆면에 원단 붙이는 법 2

1

입구의 시접 모서리에 안옆면의 연장선을 긋는다.

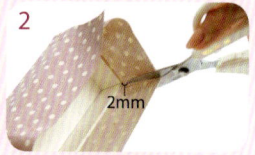

2

시접의 모서리를 2mm로 자른다.

3

시작 부분의 원단이 겹치는 곳을 자른다.

4

시접을 접어 주걱으로 밑변의 접음선을 만든다.

5

좌우 시접의 모서리를 45°로 자르고, 안옆면과 안바닥에 꼼꼼히 접어 붙인다.

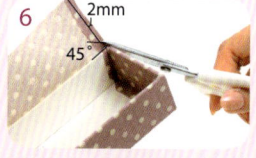

6

원단이 겹치지 않도록 2mm 안쪽에 45°로 가위집을 낸 뒤 그대로 잘라낸다.

7

앞뒤 시접도 같은 방법으로 처리한다.

원단을 떼어낼 때

1

떼어내고 싶은 원단에 분무기로 물을 뿌린다.

2

판지가 상하지 않도록 살살 떼어낸다.

원단이 들떴을 때

원단이 들뜬 부분을 다림질해 편다.

판지 구부리는 방법

1

종이결을 세로로 놓고 분무기로 물을 살짝 뿌려 종이가 부드러워질 때까지 기다린다.

2

부드러워지면 판지를 구부려 형태를 만든다.

곡선 시접 처리하기

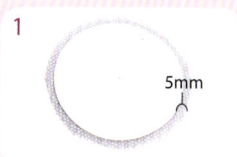

1

핑킹가위를 사용해 시접을 5mm로 자른다.

2

판지 가장자리에 본드를 바르고 시접을 접어 붙인다.

금속장식 다는 법

다양한 금속장식을 활용해
손잡이, 자물쇠 등을 만들어보세요.

필요한 도구

펜치
철사 등 부자
재를 조일 때
사용한다.

펀치 세트
리벳을 박을 때
사용한다.

송곳
구멍을 뚫을 때
사용한다.

쇠망치
리벳을 고정할
때 사용한다.

드라이버
솔트레지를
조일 때
사용한다.

솔트레지

1. 원단이 벗겨지지 않도록 주의하여 송곳으로 구멍을 뚫는다.

2. 나사받이를 안쪽에 끼워 넣는다.

3. 겉쪽에 나사를 끼워 고정한다. 드라이버를 사용하면 단단히 조일 수 있다.

4. 완성.

리벳

  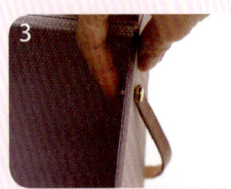 

1. 송곳으로 구멍을 뚫는다.

2. 다리가 긴 쪽의 리벳을 끼워 넣는다.

3. 다리가 짧은 쪽의 리벳을 안쪽에 살짝 끼워 임시 고정한다.

4. 전용 몰드를 끼우고 쇠망치로 박는다.

바인더 장식

  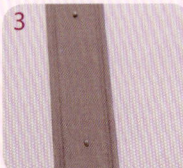  

1. 바인더 장식을 달 위치를 표시한다.

2. 표시한 위치에 송곳으로 구멍을 뚫는다.

3. 다리가 긴 쪽의 리벳을 안쪽에서 끼운다.

4. 리벳 위에 바인더 장식을 얹고, 다리가 짧은 쪽 리벳을 끼워 임시 고정한다.

5. 전용 몰드를 끼우고 쇠망치로 박는다.

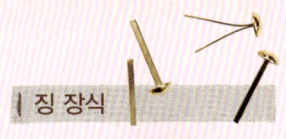

징 장식

1 송곳으로 구멍을 뚫는다.

2 징 장식의 다리가 닿을 부분의 판지를 살짝 벗긴다.

3 겉쪽에서 징 장식을 끼우고 다리를 양쪽으로 벌린다.

4 물테이프로 보강한다.

5 완성.

트렁크 자물쇠

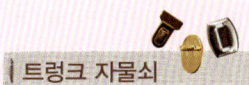

1 뚜껑에 뚜껑 자물쇠를 달 위치를 정하고, 흠집이 나지 않도록 헝겊을 댄 뒤 펜치로 꾹 눌러 고정한다.

2 본체 자물쇠를 뚜껑 자물쇠에 끼워 고정하고, 설치할 위치를 정한다.

3 설치할 위치에 커터로 칼집을 넣는다.

4 안쪽에 보조 철물을 단다.

5 펜치로 보조 철물의 다리를 구부려 고정한다.

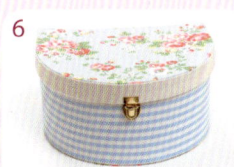

6 완성.

가죽벨트

1 가죽벨트의 1cm 안쪽에 송곳으로 구멍을 뚫는다.

2 리벳을 끼워 넣는다.

3 리벳을 따라 둥글게 자른다. 되도록이면 가죽의 단면이 보이지 않게 처리한다.

술 장식
만드는 법

작품을 아름답게 하는 술 장식
만드는 법을 소개합니다.

재료

자수실다발

2mm 판지 4×10

1	2	3	4
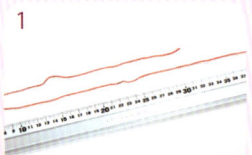			
30cm와 40cm 길이의 자수실을 한 가닥씩 준비한다.	30cm 실을 사진처럼 원으로 만들어 매듭짓는다.	긴 가닥을 판지에 댄다.	3을 손에 쥐고, 자수실다발의 시작 부분을 길게 뺀 뒤 판지에 감아나간다. 좌우로 퍼지지 않게 포개면서 감는 것이 요령.

5	6	7	8

끝 부분도 시작 부분과 마찬가지로 실을 판지보다 길게 뺀다.	3의 실을 다발 가장자리에서 묶는다.	매듭을 다발 속에 감추고, 원을 판지의 가장자리에 오도록 조정한다.	판지를 뺀다.

9	10	11	12

40cm 실을 다발에 돌돌 감아 술 장식의 머리 부분을 만든다.	실의 양끝을 띠 아래쪽에서 묶어 매듭을 짓는다.	주걱으로 매듭을 띠 안에 넣는다.	다발 아랫부분을 자르고 길이를 다듬으면 완성.

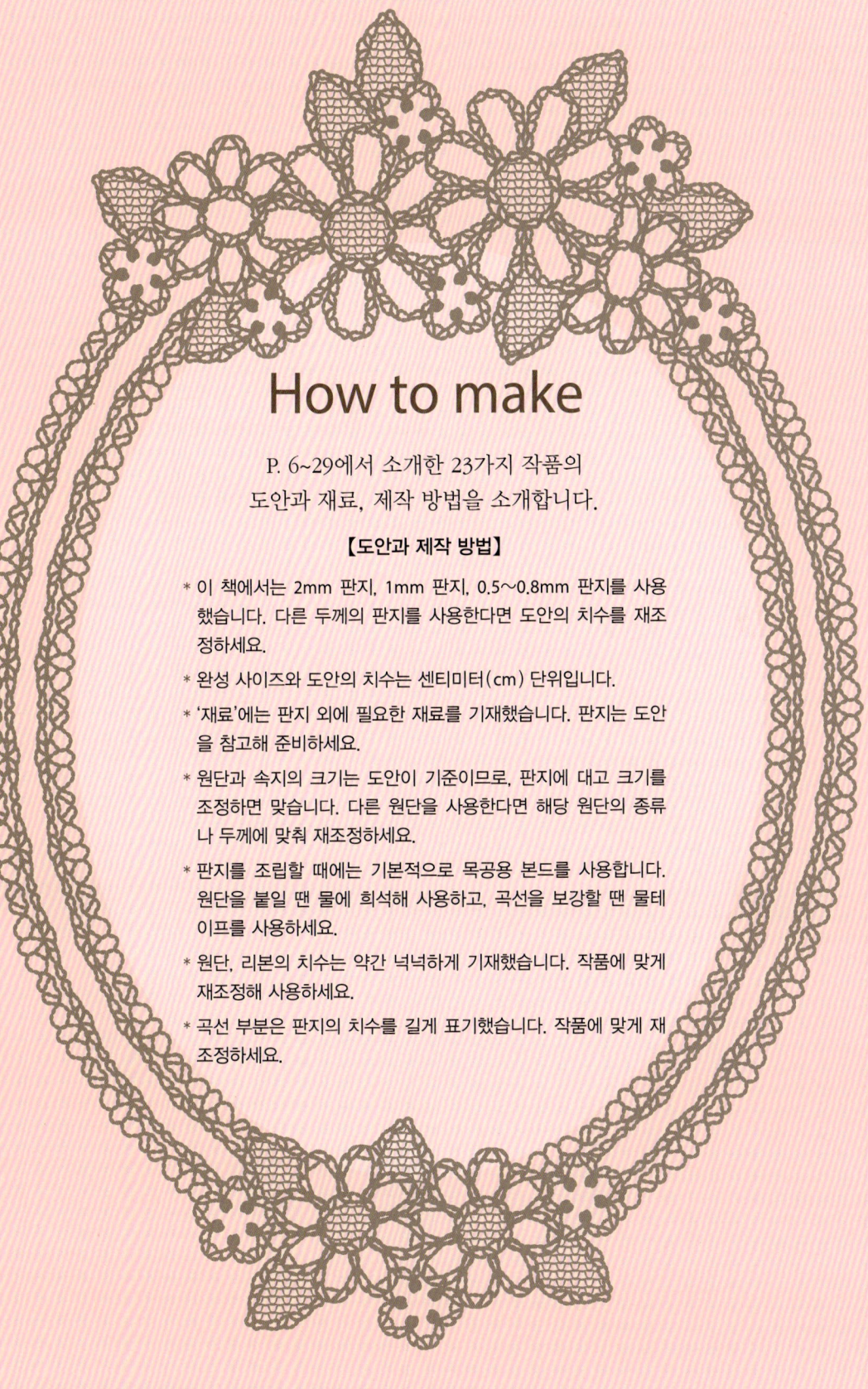

How to make

P. 6~29에서 소개한 23가지 작품의
도안과 재료, 제작 방법을 소개합니다.

【도안과 제작 방법】

* 이 책에서는 2mm 판지, 1mm 판지, 0.5~0.8mm 판지를 사용
  했습니다. 다른 두께의 판지를 사용한다면 도안의 치수를 재조
  정하세요.

* 완성 사이즈와 도안의 치수는 센티미터(cm) 단위입니다.

* '재료'에는 판지 외에 필요한 재료를 기재했습니다. 판지는 도안
  을 참고해 준비하세요.

* 원단과 속지의 크기는 도안이 기준이므로, 판지에 대고 크기를
  조정하면 맞습니다. 다른 원단을 사용한다면 해당 원단의 종류
  나 두께에 맞춰 재조정하세요.

* 판지를 조립할 때에는 기본적으로 목공용 본드를 사용합니다.
  원단을 붙일 땐 물에 희석해 사용하고, 곡선을 보강할 땐 물테
  이프를 사용하세요.

* 원단, 리본의 치수는 약간 넉넉하게 기재했습니다. 작품에 맞게
  재조정해 사용하세요.

* 곡선 부분은 판지의 치수를 길게 표기했습니다. 작품에 맞게 재
  조정하세요.

1
카드 상자

완성 사이즈

가로12 × 세로7 × 높이7

재료 (가로×세로)

* 속지1(안바닥)… 10.6×5.6
* 속지2(안뚜껑)… 10.5×11
* 속지3(안옆면C, D)… 22×6.2 ※나중에 조정한다.
* 속지4(안옆면E)… 10.5×6.2 ※옆면E를 본떠서 자른다.
* 도화지(겉바닥)… 11.5×6.7
* 원단1(겉옆면)/연분홍 무지… 37×9
* 원단2(받침판)/진분홍 무지… 14×9
* 원단3(이음매)/연분홍 무지… 10.6×3

* 원단4(안바닥)/꽃무늬… 13×8
* 원단5(뚜껑)/연분홍 무지… 13×14
* 원단6(안뚜껑)/꽃무늬… 13×13
* 원단7(안옆면C, D)/꽃무늬… 24×8
* 원단8(안옆면E)/꽃무늬… 13×8
* 원단9(우표 I)/꽃무늬… 2×2
* 펠트지… 2×2

도안

【2mm 판지】

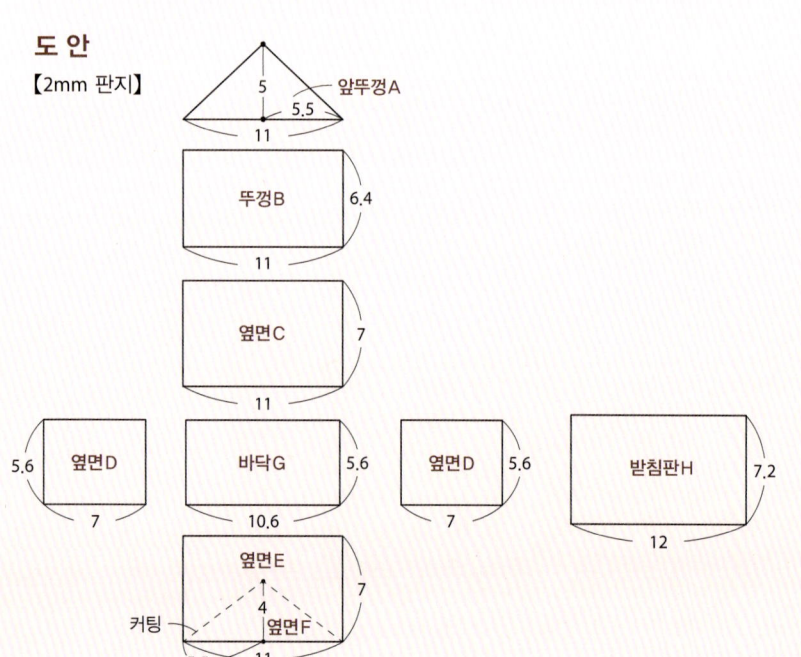

【0.5~0.8mm 판지】

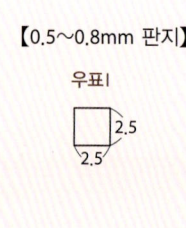

옆면C, D, E와 바닥G를 조립한 뒤, 옆면F를 사진과 같이 붙인다.

뚜껑B의 단면에 앞뚜껑A를 붙인다.

시작 부분

본체 겉옆면에 원단1을 붙이고, 끝 부분 시접을 1cm 되접어 가장자리에 깔 끔하게 맞춰 붙인다. 턱진 부분은 주 걱으로 정리한다.

바닥의 네 모서리를 잡아 자르고, 바닥 시접을 처리한다(P.36 '바닥 시접 처리' 참조).

받침판H에 원단2를 붙이고 모서리를 45°로 잘라 시접을 처리한 뒤, 본체의 겉바닥에 붙인다.

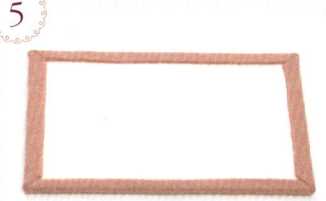

입구 시접을 1cm로 잘라낸 뒤, 네 모 서리에 가위집을 넣고 원단이 겹치지 않도록 시작 부분의 안쪽 원단을 잘라 낸다.

옆면D의 시접을 처리한다.

8 이곳은 신중하게!

2mm

옆면E의 시접 세 곳에 가위집을 넣되, 가운데 가위집만 끝에서 2mm 바깥쪽 에 넣는다.

시접을 안으로 접어서 주걱으로 모서 리에 접음선을 만든 다음, 접음선을 따라 천을 자르고 시접을 처리한다.

10 이곳은 신중하게!

자투리 천

8의 가운데 시접을 처리하고, 원단 사이 로 판지가 보이면 자투리 천을 덧댄다.

45°

옆면C에 이음매인 원단3을 붙이고, 주 걱으로 판지의 단면에도 꼼꼼히 원단 을 붙인 뒤 양 끝을 45°로 자른다.

속지1에 원단4를 붙이고 네 모서리 를 45°로 자른 다음, 본체의 안바닥 과 안옆면의 하단 1cm에 본드를 발 라 붙인다.

13 속지3을 안옆면C, D에 대고 크기를 조정한 뒤 원단7을 붙이고, 네 모서리를 45°로 잘라 위아래 시접을 처리한다.

14 천을 덧댄 속지3을 안옆면C, D에 붙이고, 남은 좌우 시접은 안옆면E에 붙인다.

15 속지4를 옆면E에 대고 크기를 조정한 뒤, 원단8을 붙이고 시접을 처리한다.

16 천을 덧댄 속지4를 안옆면E에 붙인다.

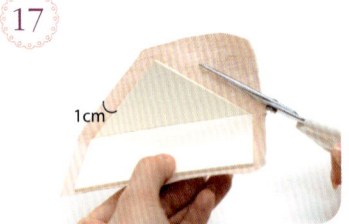

17 뚜껑의 겉면에 원단5를 붙이고 시접을 1cm로 자른다.

18 모서리에 모두 가위집을 내고 시접을 처리한다.

19 본체의 이음매 원단에 본드를 바르고 뚜껑을 붙인다.

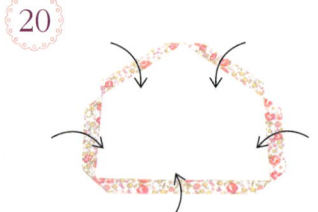

20 앞뚜껑A를 본떠 속지2를 만들고 원단6을 붙인 다음, 모서리를 모두 45°로 잘라 시접을 처리한다.

21 천을 덧댄 속지2를 안뚜껑에 붙인다.

22 본체 겉바닥에 도화지를 붙인다.

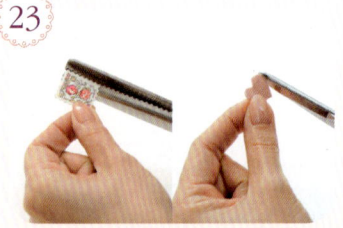

23 우표I에 원단9를 붙이고 가장자리를 핑킹가위로 자른 뒤 옆면C의 왼쪽 상단에 붙인다. 펠트지도 하트 모양으로 잘라 앞뚜껑A의 뾰족한 부분에 붙인다.

24 스탬프와 받는 사람을 펜으로 써넣으면 완성.

2
메모지 커버

완성 사이즈
가로12 × 세로16 × 두께2

재 료 (가로×세로)

* 속지1(메모지 등)…24×1
* 속지2(펜꽂이)…7×1.5
* 원단1(B)/빨간색 스트라이프…14×18 2장
* 원단2(주머니C)/빨간색 무지…10×10
* 원단3(주머니D)/빨간색 무지…14×10
* 원단4(겉면)/빨간색 무지…29×19

* 원단5(이음매)/빨간색 무지…4×17
* 원단6(메모지 등1)/빨간색 스트라이프…11.5×2
* 원단7(메모지 등2)/빨간색 스트라이프…25×2
* 원단8(펜꽂이)/빨간색 스트라이프…7×4 2장
* A6 사이즈 메모…1권
* 리본…30 1개

도 안

【2mm 판지】

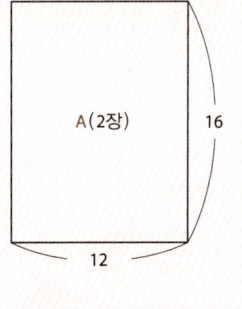

A(2장)   16

12

【0.5~0.8mm 판지】

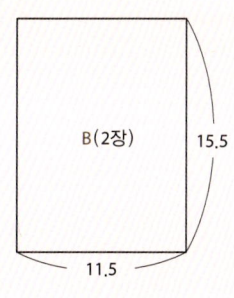

B(2장)   15.5

11.5

배치도

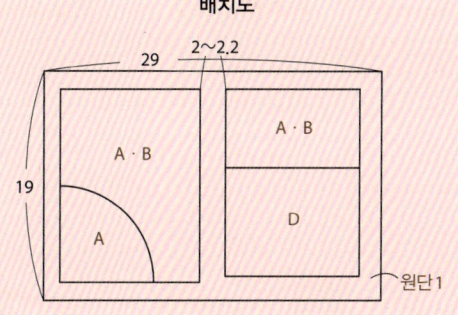

29   2~2.2

A·B   A·B

19

A   D

원단1

주머니C

8

주머니D   9

11.5

1

B에 원단1을 붙이고 네 모서리를 45°로 잘라 시접을 처리한다. 이것을 2개 만든다.

2

주머니C에 원단2를 붙이고 곡선 시접을 핑킹가위로 잘라낸다.

3

곡선 시접을 안으로 접어 붙이고, 반대편 모서리의 2~3mm 바깥쪽을 45°로 자른다.

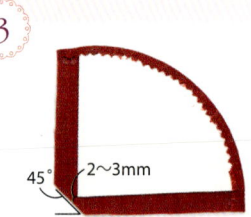

4

주머니C를 B에 대고 두 변의 시접을 접어 붙여 주머니를 만든다.

5

주머니D에 원단3을 붙이고, 윗변 시접을 처리한다.

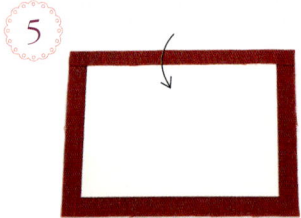

6

아랫변 시접의 양 모서리 2~3mm 바깥쪽을 45°로 자른다.

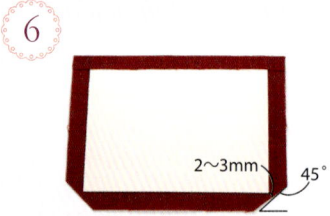

7

주머니D를 1에서 만든 또 다른 B에 댄 뒤, 세 변의 시접을 접어 붙여 주머니를 만든다.

8

원단4에 A 2장을 2~2.2cm 간격으로 붙이고, 네 모서리의 2~3mm 바깥쪽을 45°로 자른다.

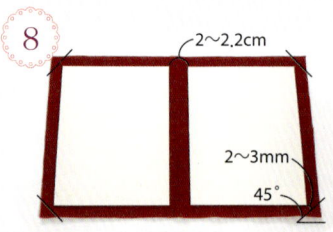

9

시접을 모두 처리한다.

10

원단5의 짧은 변을 1cm씩 접어 붙인다.

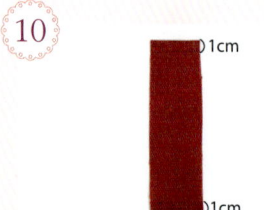

11 이곳은 신중하게!

9의 이음매 부분에 본드를 바르고 원단5를 붙인 뒤 주걱으로 턱진 부분을 정리한다.

12

메모지의 등 부분에 원단6을 붙이고 네 모서리를 45°로 자른다.

13

시접을 처리한다.

14

속지1에 원단7을 붙이고 한쪽 모서리를 45°로 자른다.

15

세 변의 시접을 처리한다.

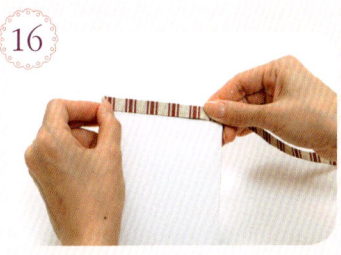

16

13의 메모지 등에 천을 덧댄 속지1을 시접 처리한 곳부터 감기 시작한다. 시작 부분을 2cm 띄워두고, 끝 부분을 시작 부분 밑으로 넣어 마무리한다.

17

속지2에 원단8을 붙이고 위아래 시접을 처리한다.

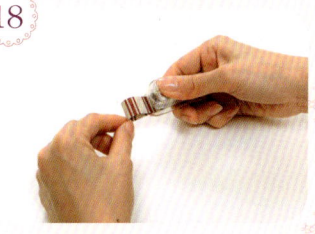

18

둥글게 접어 스테이플러로 끝을 고정해 펜꽂이를 만든다.

19

펜꽂이 고정할 위치를 표시한다.

20

표시한 부분의 판지를 펜꽂이의 두께만큼 깎아낸다. 원단이 포함되면 원단도 함께 깎아낸다.

21

깎아낸 곳에 펜꽂이를 붙이고 물테이프로 보강한다.

22

반대쪽에도 같은 방법으로 펜꽂이를 고정한다. 이때, 양쪽이 겹치지 않도록 주의한다.

23

취향에 맞춰 본체 겉면에 리본을 붙인다.

24

4와 7의 주머니를 본체 안쪽에 붙이고(p.45 '배치도' 참조) 주머니D에 메모지를 끼우면 완성.

3
미니 티슈 박스
& 티슈 박스

완성 사이즈

티슈 박스: 지름17×높이12
미니 티슈 박스: 지름11×높이9
※ ( ) 안 사이즈는 미니 티슈 박스의
　사이즈입니다.

재 료 (가로×세로)

* 속지1(안바닥)… 지름16(10) ※바닥B를 본뜬다.
* 속지2(안옆면)… 52×11(33×7.2) ※나중에 조정한다.
* 속지3(뚜껑 겉옆면)… 55×2(36×1.5) ※나중에 조정한다.
* 원단1(겉옆면)/꽃무늬… 54×15(35×11)
* 원단2(겉바닥)/녹색 무지… 18×18(12×12)

* 원단3(안바닥)/녹색 무지… 18×18(12×12)
* 원단4(안옆면)녹색 도트… 54×13(35×9)
* 원단5(뚜껑)/꽃무늬… 19×19(13×13)
* 원단6(뚜껑 겉옆면)/흰색 무지… 57×7(38×6)
* 원단7(안뚜껑)/흰색 무지… 18×18(13×13)

도 안

【2mm 판지】

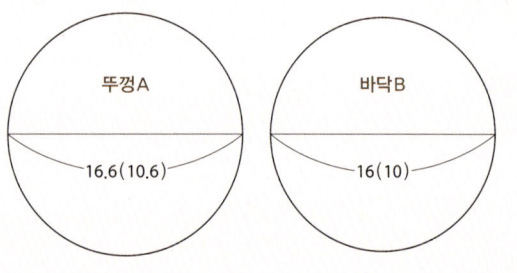

【1mm 판지】

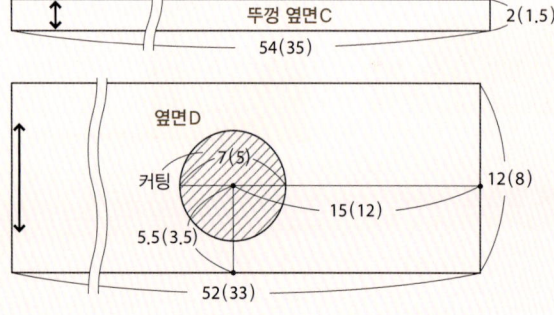

【0.5～0.8mm 판지】

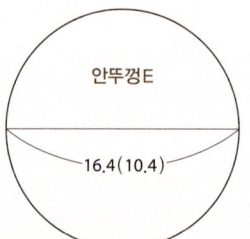

뚜껑A를 본뜬 뒤 선에서 1mm
안쪽을 자른다.

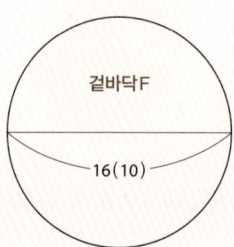

1 이곳은 신중하게!

옆면D에 분무기로 물을 뿌려 부드럽게 한 뒤, 바닥B에 대고 크기를 조정한다.

2

바닥B의 단면에 본드를 바르고 옆면D 를 감은 뒤 물테이프로 보강한다. 위에 뚜껑이 덮일 예정이므로 구멍의 위치 는 살짝 아래로 조정한다.

3

뚜껑 옆면C를 뚜껑A에 대고 크기를 조정한다.

4

뚜껑A의 단면에 본드를 바르고 뚜껑 옆면C를 감은 뒤 물테이프로 보강한다.

5

본체의 겉옆면에 원단1을 붙이고, 끝 부분 시접을 1cm 정도 되접어 가장자 리에 맞춰 붙인다.

6

바닥 시접을 5mm로 자른다.

7

원단이 겹치지 않도록 시작 부분의 안 쪽 원단을 자르고 시접을 처리한다.

8

겉바닥F에 원단2를 붙인 뒤, 시접을 5mm로 자른다.

9

시접을 처리한다.

10

본체의 겉바닥과 천을 덧댄 겉바닥F의 가장자리에 본드를 바르고 마주 붙인다.

11

본체 입구의 시접이 겹치는 부분에 가 위집을 낸다.

12 이곳은 신중하게!

주름이 지지 않게 원단을 잡아당기면 서 꼼꼼히 시접을 처리한다.

13

구멍의 시접을 1cm로 자른다.

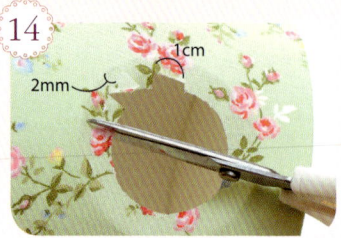

14

시접의 2mm 바깥쪽에 1cm 간격으로
가위집을 넣는다.

15

시접을 처리한다.

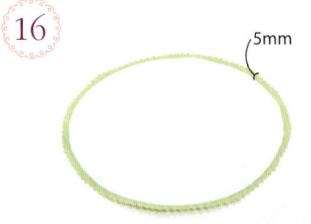

16

속지1에 원단3을 붙인 뒤, 시접을 5mm
로 자른다.

17

본체 안바닥과 안옆면의 하단 1cm에
본드를 바른다.

18

천을 덧댄 속지1을 안바닥에 붙이고
시접은 안옆면에 붙인다.

19

속지2를 본체의 안옆면에 대고 구멍의
위치를 표시한다.

20

표시에서 1mm 바깥쪽을 자른다.

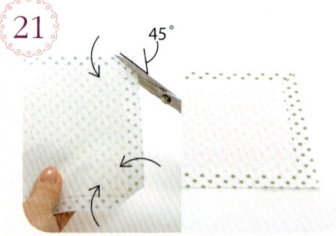

21

속지2에 원단4를 붙이고 위아래 모서
리를 45°로 자른 뒤 세 변의 시접을
처리한다.

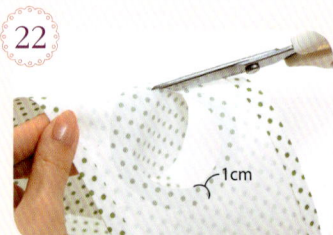

22

구멍의 시접을 1cm로 자른다.

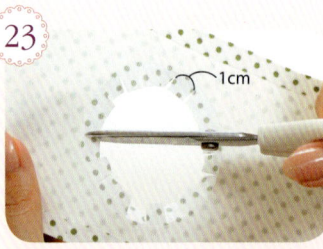

23

시접에 1cm 간격으로 가위집을 넣는다.

24

속지2의 안쪽에 본드를 바르고 시접
을 처리한다.

25 이곳은 신중하게!

본체 안옆면과 속지2의 가장자리에 본드를 바르고, 구멍의 위치를 맞춰 붙인 다음, 끝 부분 시접을 비스듬히 잘라 시작 부분 2cm 안에 넣어 마무리한다.

26

뚜껑A에 원단5를 붙인 뒤, 시접을 5mm로 잘라 처리한다.

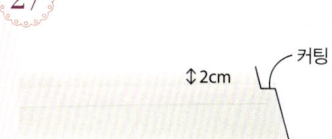

27

↕2cm   커팅

속지3에 원단6을 붙인다. 이때 사진처럼 2cm 안쪽에 속지3을 붙이고 시접을 잘라낸다.

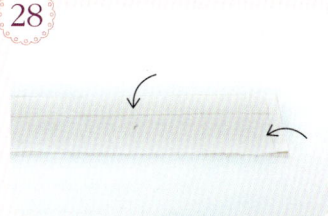

28

두 변의 시접을 처리한다.

29

천을 덧댄 속지3을 시접 처리한 쪽부터 뚜껑 옆면에 빙 둘러 붙인다. 다 붙이면 끝 부분을 비스듬히 잘라 시작 부분 2cm 안에 넣어 마무리한다.

30

아랫변 시접을 뚜껑 안쪽으로 접어 접음선을 만든다.

31

5mm

접음선에서 5mm 바깥쪽을 자른다.

32 이곳은 신중하게!

주름이 지지 않게 원단을 잡아당기면서 꼼꼼히 시접을 처리한다.

33

안뚜껑E에 원단7을 붙이고, 시접을 5mm로 잘라 처리한다.

34

천을 덧댄 안뚜껑E를 본체의 안뚜껑에 붙이면 완성.

✂ **TIP**

티슈가 뻑뻑해서 잘 나오지 않으면 그림처럼 티슈를 V자 형태로 넣으세요. 일반적인 갑 티슈 한 통 분량이므로 쉽게 빠집니다.

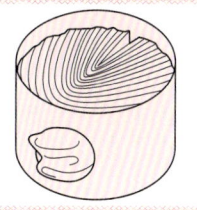

4
핸드타월 트레이

완성 사이즈
가로18.5 × 세로18.5 × 높이4

재 료 (가로×세로)

* 속지1 … 25.5×25.5
* 원단1(안면)/녹색 체크 … 28×28
* 원단2(겉면)/핸드타월 … 25×25
* 리본 … 1(폭)×18 8개

도 안

【2mm 판지】

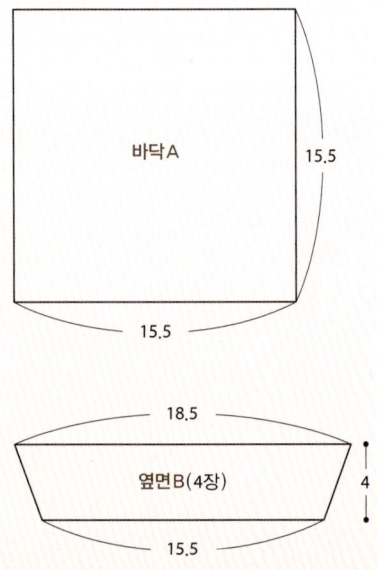

바닥A

15.5

15.5

옆면B(4장)

18.5

4

15.5

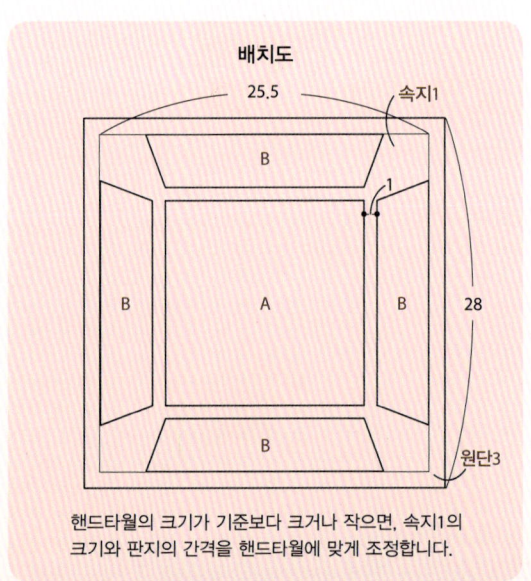

배치도

25.5

속지1

B

1

B   A   B   28

B

원단3

핸드타월의 크기가 기준보다 크거나 작으면, 속지1의
크기와 판지의 간격을 핸드타월에 맞게 조정합니다.

1

속지1에 원단1을 붙이고 네 모서리를 45°로 자른다.

2

옆면B 1장을 속지1의 한 변에 붙인다.

3

1cm

옆면B와 1cm 간격으로 바닥A를 붙인다.

4

나머지 옆면B 3장도 바닥A와 1cm 간격으로 붙인다(P.52 '배치도' 참조).

5 이곳은 신중하게!

원단1의 시접을 옆면B에 붙인다. 이때 모서리가 벌어지지 않도록 주의한다.

6

주걱으로 턱진 부분을 정리한다.

7

본체의 모서리로 리본이 나오도록 옆면 B의 끝에 리본을 붙인다.

8

리본을 물테이프로 보강한다.

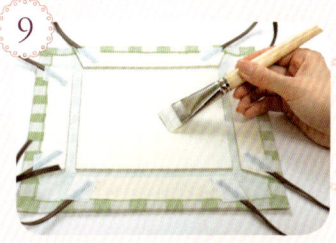

9

모든 판지에 본드를 바른다.

10

핸드타월의 뒷면 가장자리에 1cm 폭으로 본드를 바른다.

11

본체에 핸드타월을 붙인다.

12

본드가 마르면 모서리의 리본을 묶어 완성.

5
세로형 도구함

완성 사이즈
가로13 × 세로13 × 높이18
(손잡이 제외)

재료 (가로×세로)

＊ 속지1(안바닥)…12.6×12.6 ＊ 속지2(안옆면D)…12.6×17.8 ＊옆면D에 대고 비스듬히 자른 뒤 남는 삼각형은 뚜껑 안옆면으로 사용한다. ＊ 속지3(안옆면F)…12.6×9.6 ※옆면F를 본떠서 자른다. ＊ 속지4(뚜껑)…12.9×13.2 ＊ 속지5(안뚜껑A-1, 안옆면C)…12.6×23.8 ＊ 속지6(뚜껑 안옆면)…6.3(밑변)×7.2(높이)의 직삼각형 2장 ※속지2의 자투리를 이용한

다. ＊ 속지7(도구꽂이 안바닥)…6.6×5.6 ＊ 속지8(도구꽂이 안옆면)…26×8.2 ＊ 도화지(서랍 겉바닥)…11.5×5.5 ＊ 원단1(겉옆면)/보라색 무지…54×20 ＊ 원단2(겉바닥O)/보라색 무지…15×15 ＊ 원단3(안바닥)/보라색 무지…15×15 ＊ 원단4(안옆면D)/보라색 도트…4×20 2장 ＊ 원단5(안옆면F)/보라색 도트…15×12 ＊ 원단6(뚜껑)/꽃무늬…28×28 ＊ 원단7(이음매)/보라색 도트…12.6×4 ＊ 원단8(안뚜껑A-1, 안옆면C)/보라색 도트…15×26 ＊ 원단9(뚜껑 안옆면)/꽃무늬…7(밑변)×9(높이)의 직삼각형 2장 ※원단6의 자투리를 이용한다. ＊ 원단10(앞뚜껑 안쪽)/꽃무늬…15×13 ＊ 원단11(안뚜껑Q)/보라색 도트…15×8 ＊ 원단12(서랍 겉옆면)/보라색 도트…38×8 ＊ 원단13(서랍 안바닥)/보라색 무지…14×8 ＊ 원단14(서랍받침)/보라색 도트…7×3 2장 ＊ 원단15(도구꽂이 겉옆면)/분홍색 무지…28×11 ＊ 원단16(도구꽂이 겉바닥)/분홍색 무지…9×8 ＊ 원단17(도구꽂이 안바닥)/보라색 무지…9×8 ＊ 원단18(도구꽂이 안옆면)/꽃무늬…27×10 ＊ 리벳…2세트 ＊ 솔트레지…2개 ＊ 끈…53 1개 ＊ 리본…28 1개

도 안

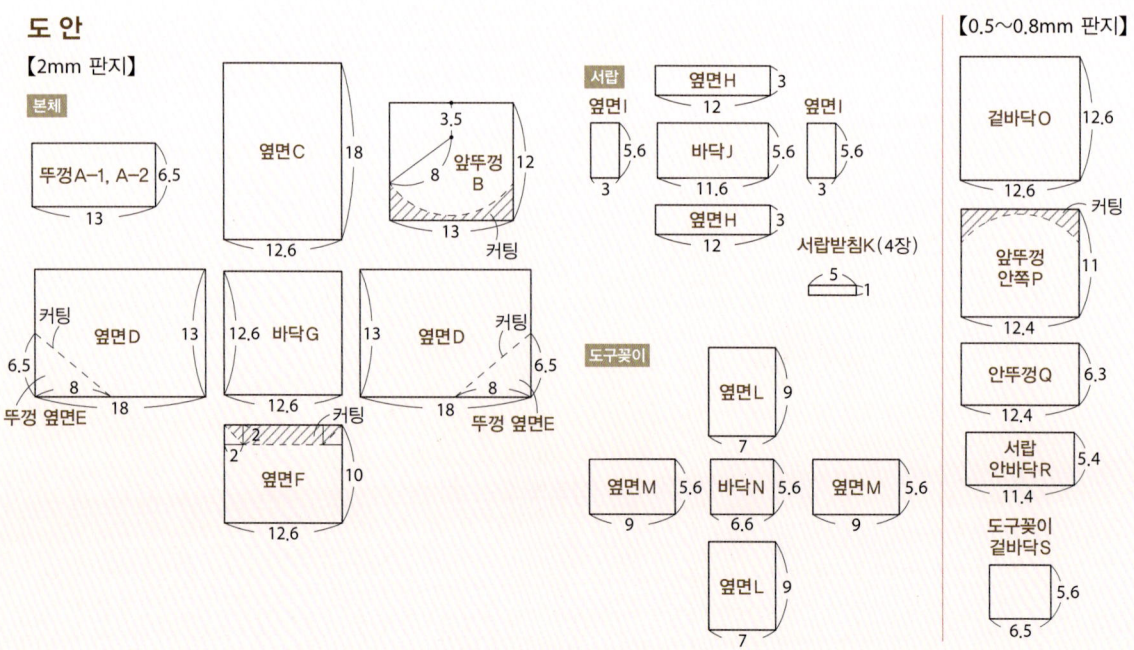

① 뚜껑A-1과 옆면C, D, F, 바닥G를 조립해 본체를 만든다.

② 뚜껑A-2와 앞뚜껑B, 뚜껑 옆면E를 조립해 뚜껑을 만든다.

③ 옆면H, I와 바닥J를 조립해 서랍을 만든다.

④ 본체의 겉옆면에 원단1을 붙이고 바닥 시접을 처리한다.

⑤ 겉바닥O에 원단2를 붙이고 시접을 처리한 뒤, 본체의 겉바닥에 붙인다.

1cm

⑥ 본체의 입구 시접을 1cm로 잘라낸다.

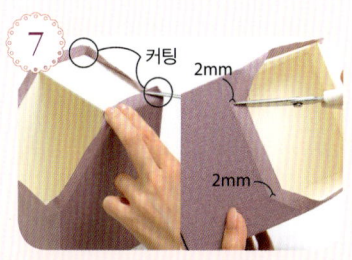

커팅
2mm
2mm

⑦ 옆면C와 D의 시접을 잡아 자르고, 옆면F의 시접 2mm 바깥쪽에 가위집을 넣는다.

자투리 천

⑧ 모든 시접을 처리하고, 원단 사이로 판지가 보이면 자투리 천을 덧댄다.

⑨ 속지1에 원단3을 붙이고 네 모서리를 45°로 자른 뒤 본체 안바닥에 붙인다. 이때, 시접은 본체 안옆면에 붙인다.

⑩ 속지2를 안옆면D에 대고 크기를 조정한 뒤 원단4를 붙인다. 여분의 시접은 모두 45°로 잘라낸다.

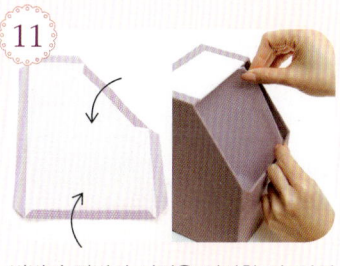

⑪ 빗변과 밑변의 시접을 처리한 뒤, 안옆면D에 붙이고, 나머지 시접은 본체의 안옆면C와 F에 붙인다.

⑫ 속지3에 원단5를 붙이고 사진과 같이 가위집을 넣은 뒤, 윗변 시접만 처리해 안옆면F에 붙인다.

13

원단6에 2의 뚜껑과 속지4를 붙인다.
이때 속지4는 뚜껑 부분에 대고 크기
를 조정해둔다.

14

원단6을 뚜껑 옆면E에 붙인다.

15

핑킹가위로 커팅

커팅

가위집

시접을 자르고 사진과 같이 가위집을
넣는다.

16

시접을 모두 처리한다.

17

속지4를 뚜껑A-2에 붙인다.

18 이곳은 신중하게!

나머지 속지4를 본체의 뚜껑A-1에
붙인다. 그리고 뚜껑이 잘 열리는지
확인한다.

19

뚜껑을 열고 이음매에 확실하게 접음
선을 만든다.

20 이곳은 신중하게!

이음매에 원단7을 붙인다. 이때 너무
두꺼운 원단을 쓰거나 빡빡하게 붙이
면 들뜰 수 있으므로 주의한다.

21

속지5를 안뚜껑A-1과 안옆면C에 대
고 크기를 조정한 뒤, 원단8을 붙이고
시접을 처리한다.

22

천을 덧댄 속지5를 본체 안뚜껑A-1과
안옆면C에 붙인다.

23

크기를 조정한 속지6에 원단9를 붙이
고, 빗변의 시접을 처리한 뒤 본체의
뚜껑 안옆면에 붙인다.

24

안뚜껑Q에 원단11을 붙인 다음, 긴
변 하나만 남기고 시접을 처리한 뒤,
안뚜껑A-2에 붙인다.

25 판지를 깎아내고 뚜껑에 솔트레지를 단다(P.38 '솔트레지' 참조).

26 앞뚜껑 안쪽P에 원단10을 붙이고 시접을 처리한 뒤, 본체의 앞뚜껑 안쪽에 붙인다.

27 본체에 가죽벨트를 단다(P.39 '가죽벨트' 참조). 이때 가죽벨트는 반드시 본체 뒤쪽으로 오게끔 조절한다.

28 서랍받침K 2장을 마주 붙인 뒤 원단14를 붙이고 사진과 같이 시접을 처리한다. 이것을 2개 만든다.

29 3의 서랍 겉옆면에 원단12를 붙인다.

30 바닥 시접을 처리하고, 입구 시접을 접어 붙여 안옆면을 처리한다(P.37 '안옆면에 원단 붙이는 법 2' 참조).

31 서랍 안바닥R에 원단13을 붙여 시접을 처리하고, 서랍의 안바닥에 붙인다.

32 서랍의 겉바닥에 도화지를 붙인다.

33 옆면H에 솔트레지를 단다.

34 본체를 뒤집어 서랍을 넣어보고 옆면D에 28의 서랍받침을 붙인다.

35 도구꽂이를 만든다(P.36 참조).

36 술 장식을 만들어(P.40 참조) 솔트레지에 걸고, 취향에 맞춰 본체에 끈과 리본을 달면 완성.

6
미니 트렁크

완성 사이즈
가로18 × 세로15 × 두께8

재료 (가로×세로)

* 속지1(안바닥)…18×15 ※바닥B를 본떠서 자른다.
* 속지2(뚜껑 겉옆면)…43×2 ※나중에 조정한다.
* 속지3(안옆면)…59×7.2 ※나중에 조정한다.
* 원단1(겉옆면)/하늘색 스트라이프…61×10
* 원단2(겉바닥)/꽃무늬…20×17
* 원단4(안바닥)/하늘색 무지…20×17
* 원단5(뚜껑)/꽃무늬…20×17
* 원단6(뚜껑 겉옆면)/흰색 무지…45×7

* 원단7(안뚜껑)/하늘색 무지…20×17
* 원단8(주머니)/하늘색 도트…20×7
* 원단9(안옆면)/하늘색 무지…61×9
* 트렁크 자물쇠…1개
* 리벳…2세트
* 가죽벨트…15 1개
* 리본…3mm(폭)×20 1개
* 레이스(주머니용)…1mm(폭)×20 1개

도안

【2mm 판지】

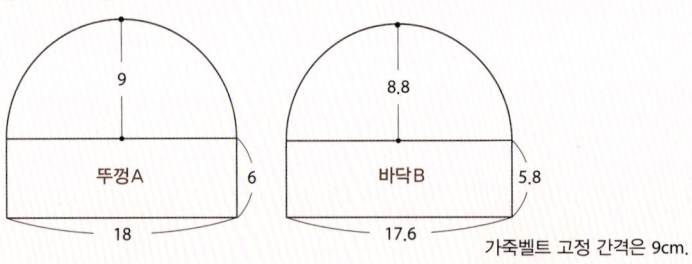

뚜껑A 9 6 18

바닥B 8.8 5.8 17.6

가죽벨트 고정 간격은 9cm.

【1mm 판지】

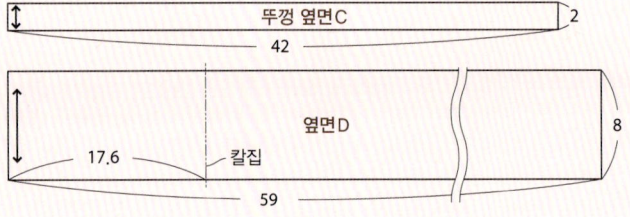

뚜껑 옆면C 2 42

옆면D 17.6 칼집 59 8

【0.5〜0.8mm 판지】

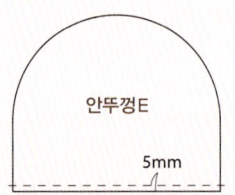

안뚜껑E 5mm

뚜껑A를 본뜬 뒤 곡선 부분은
1mm 안쪽을, 밑변은 5mm
안쪽을 자른다.

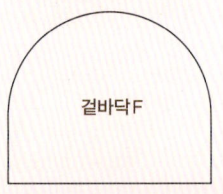

겉바닥F

조립한 상자의 바닥을 본뜬 뒤
선에서 1mm 안쪽을 자른다.

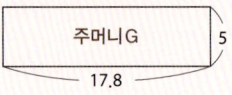

주머니G 5 17.8

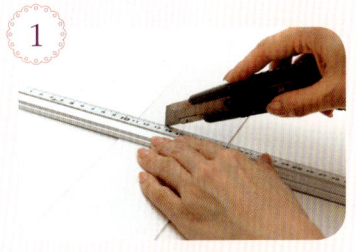

1

커터를 이용해 옆면D에 종이 두께의 1/3 정도 깊이로 칼집을 낸다.

2

칼집낸 부분을 겉으로 해 접는다.

3

곡선이 될 부분에 분무기로 물을 뿌려 부드럽게 한 다음, 바닥B에 대고 크기를 조정한 뒤 조립한다. 맞닿는 부분은 물테이프로 보강한다.

4

같은 방법으로 뚜껑 옆면C도 뚜껑A에 대고 크기를 조정한 다음 조립한다.

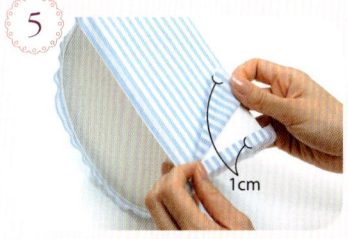

5

본체의 겉옆면에 원단1을 붙이고, 끝부분 시접을 1cm 되접어 가장자리에 맞춰 붙인다.

6

안쪽 원단만 커팅

바닥의 양 모서리를 잡아 자르고, 원단이 겹치지 않도록 시작 부분의 안쪽 원단을 자른다.

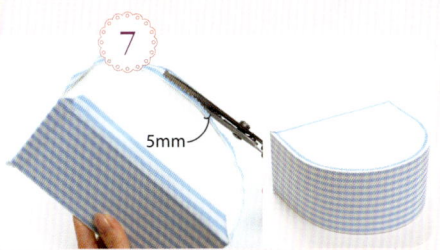

7

5mm

직선 시접을 처리하고 곡선 시접도 5mm로 잘라 처리한다.

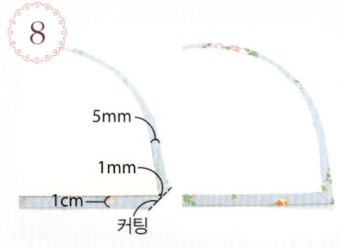

8

5mm

1mm

1cm

커팅

겉바닥F에 원단2를 붙이고 직선 시접은 1cm, 곡선 시접은 5mm로 잘라 처리한다.

9

천을 덧댄 겉바닥F를 본체의 겉바닥에 붙인다.

10

안쪽 원단만 커팅

입구의 양 모서리에 가위집을 넣고 원단이 겹치지 않도록 시작 부분의 안쪽 원단을 자른다.

11 이곳은 신중하게!

주름이 지지 않게 원단을 잡아당기면서 꼼꼼하게 곡선 시접을 처리한다.

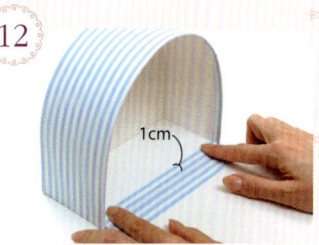

12

1cm

이음매 부분에 원단3을 붙이고 판지의 단면과 겉옆면의 시접에도 빈틈없이 붙인다. 턱진 부분은 주걱으로 정리한다.

이음매 양 끝을 30˚로 자른다.

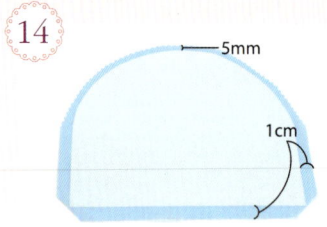

속지1에 원단4를 붙이고 직선 시접은 1cm, 곡선 시접은 5mm로 잘라 처리한다.

본체 안바닥과 안옆면 하단 1cm에 본드를 바른다.

천을 덧댄 속지1을 안바닥에 붙이고 시접은 안옆면에 붙인다.

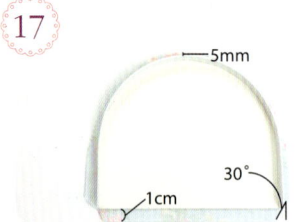

뚜껑A에 원단5를 붙이고 직선 시접은 1cm, 곡선 시접은 5mm, 양 모서리는 30˚로 잘라 처리한다.

속지2를 뚜껑 옆면에 대고 크기를 조정한다.

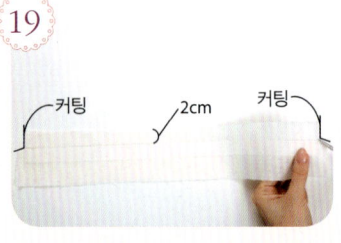

크기를 조정한 속지2에 원단6을 붙이고 2cm씩 시접을 남긴 뒤 양 끝을 사진과 같이 자른다.

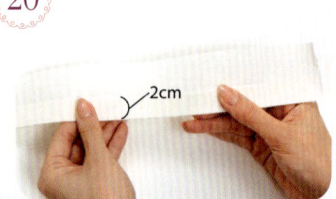

한쪽 시접만 속지를 감싸듯 접는다.

17의 뚜껑 겉옆면에 본드를 바르고 천을 덧댄 속지2를 꼼꼼히 붙인다.

양 끝에 튀어나온 시접을 안으로 접는다.

아랫변 시접을 뚜껑 안으로 접어 접음선을 만들고 양 끝을 45˚로 자른다.

접음선에서 5mm 바깥쪽을 자른다.

25 이곳은 신중하게!

뚜껑 안옆면과 바닥의 가장자리 5mm에 본드를 바르고, 주름이 지지 않게 꼼꼼히 시접을 처리한다.

26

이음매 바깥쪽에 본드를 바른다.

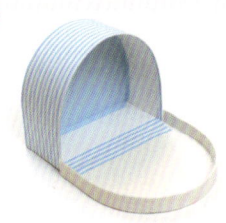

27

이음매에 뚜껑을 붙인다.

28

한쪽에 지지용 리본을 붙이고 물테이프로 보강한다.

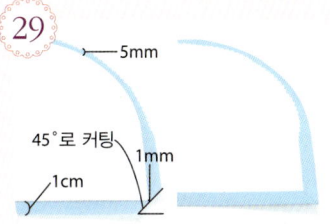

29

5mm
45°로 커팅
1mm
1cm

안뚜껑E의 크기를 조절하고 원단7을 붙인 뒤, 직선 시접은 1cm, 곡선 시접은 5mm, 양 모서리는 1mm 바깥쪽을 45°로 잘라 처리한다.

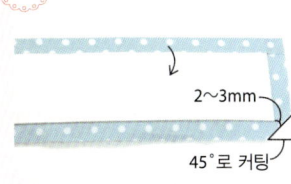

30

2~3mm
45°로 커팅

주머니G에 원단8을 붙이고 윗변 시접을 처리한 뒤, 아랫변 양 모서리의 2~3mm 바깥쪽을 45°로 자른다.

31

천을 덧댄 안뚜껑E의 모서리에 주머니G를 대고 세 변의 시접을 접어 붙여 주머니를 만든다.

32

취향에 맞춰 레이스와 리본을 붙인다.

33

리본으로 장식한 안뚜껑E를 본체 안 뚜껑에 붙인다.

34

줄자로 뚜껑 둘레를 재고 중심을 표시한 뒤 트렁크 자물쇠를 단다(P.39 '트렁크 자물쇠' 참조).

35

속지3에 원단9를 붙이고 위아래 모서리 두 곳을 45°로 자른 뒤, 세 변의 시접을 처리한다.

36

천을 덧댄 속지3을 본체의 안옆면에 붙이고, 끝 부분을 시작 부분 2cm 안에 넣어 마무리한다. 그리고 옆면에 가죽벨트를 달면 완성.

7
반지함

완성 사이즈
가로10×세로10×높이10

재 료 (가로×세로)

* 속지1(안바닥)…9.6×9.6
* 속지2(안옆면)…39×9.2
* 속지3(속상자 바닥G, 뒷면E)…26×8.2
* 원단1(겉옆면)/주황색 도트…42×12
* 원단2(겉바닥)/주황색 도트…12×12
* 원단3(이음매)/주황색 도트…9.6×4
* 원단4(뚜껑)/주황색 도트…13×13
* 원단5(안바닥)/주황색 무지…12×12

* 원단6(안옆면)/주황색 무지…41×11
* 원단7(속상자 겉옆면F)/꽃무늬…11×11 2장
* 원단8(속상자 안옆면L)/주황색 무지…11×11 2장
* 원단9(속상자 바닥G, 뒷면E)/주황색 무지…28×10 2장
* 원단10(반지 쿠션)/흰색 무지…8.3×30
* 우레탄…30×3.8 ※두께는 1cm.
* 리본…2.5(폭)×120 1개
* 고무줄…1개

도 안

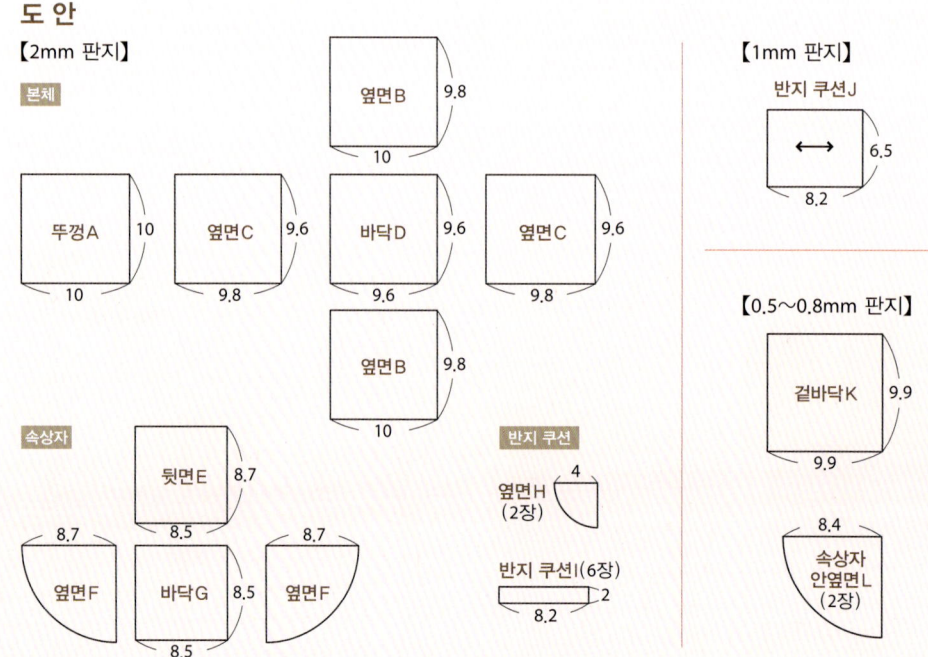

【2mm 판지】

본체

옆면B 9.8 / 10

뚜껑A 10 / 10 옆면C 9.6 / 9.8 바닥D 9.6 / 9.6 옆면C 9.6 / 9.8

옆면B 9.8 / 10

속상자

뒷면E 8.7 / 8.5

옆면F 8.7 바닥G 8.5 / 8.5 옆면F 8.7

반지 쿠션

옆면H (2장) 4

반지 쿠션I(6장) 8.2 / 2

【1mm 판지】

반지 쿠션J 6.5 / 8.2

【0.5~0.8mm 판지】

겉바닥K 9.9 / 9.9

속상자 안옆면L (2장) 8.4

1 바닥D와 옆면B, C를 조립해 본체를 만든다.

2 바닥G와 뒷면E, 옆면F를 조립해 속상자를 만든다.

3 분무기로 반지 쿠션J에 물을 뿌려 부드럽게 한 뒤, 옆면H에 붙이고 고무줄로 고정한다.

안쪽 원단만 커팅

4 본체 겉옆면에 원단1을 붙이고, 끝 부분 시접을 1cm 정도 되접어 가장자리에 맞춰 붙인다.

5 바닥의 네 모서리를 잡아 자른다.

6 원단이 겹치지 않도록 시작 부분의 안쪽 원단을 잘라내고 시접을 처리한다.

7 겉바닥K에 원단2를 붙이고 네 모서리를 45°로 잘라 시접을 처리한다.

8 천을 덧댄 겉바닥K를 본체의 겉바닥에 붙인다.

9 입구 시접에 가위집을 넣고 이음매가 될 변 외에 모든 시접을 처리한다.

45°

10 이음매 부분에 원단4를 붙이고 판지의 단면과 겉옆면의 시접에도 빈틈없이 붙인다. 턱진 부분은 주걱으로 정리한다.

11 이음매의 양 끝을 45°로 자른다.

12 뚜껑A에 원단4를 붙이고 네 모서리를 45°로 잘라 시접을 처리한다.

13

이음매 바깥쪽에 본드를 바르고 천을 덧댄 뚜껑A를 붙인 뒤 겉면에 리본을 붙인다.

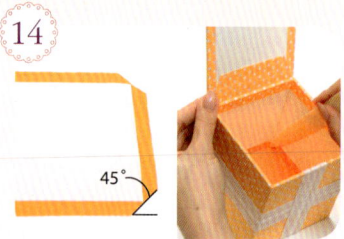

14

45°

속지1에 원단5를 붙이고 네 모서리를 45°로 자른 뒤, 본체 안바닥에 붙인다. 이때, 시접은 안옆면에 붙인다.

15

속지2에 원단6을 붙이고 위아래 모서리를 45°로 자른 뒤 세 변의 시접을 처리한다.

16

천을 덧댄 속지2를 본체의 안옆면에 붙인다.

17

5mm

속상자의 옆면F에 원단7을 붙인 뒤 곡선 시접을 5mm로 자른다.

18

바닥의 모서리 두 곳을 45°로 잡아 자르고 직선 시접을 처리한다.

19

곡선의 위아래 시접에 가위집을 넣고 곡선 시접을 처리한다.

20

남은 시접은 속상자 안으로 접어 붙인다.

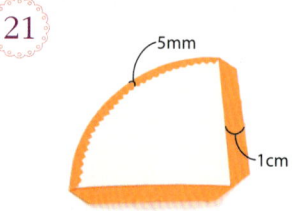

21

5mm

1cm

속상자의 안옆면L에 원단8을 붙이고 직선 시접은 1cm, 곡선 시접은 5mm, 모서리는 45°로 자른 다음, 곡선 시접을 처리한다.

22

천을 덧댄 안옆면L을 속상자의 안옆면에 붙이고, 시접은 속상자의 뒷면과 바닥에 붙인다.

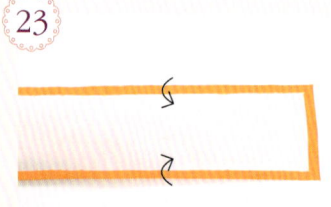

23

속지3에 원단9를 붙이고, 위아래 시접을 처리한다.

24

1cm

천을 덧댄 속지3을 속상자의 안바닥, 뒷면, 뒷면의 뒤쪽까지 붙인다. 이때, 안바닥 끝에 시접을 1cm 남겨둔다.

25

속상자의 안옆면에 본드를 바르고 3의 반지 쿠션J를 붙인다.

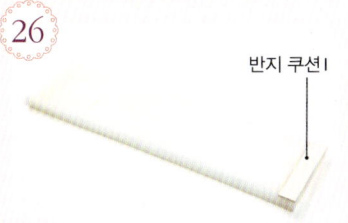

26

반지 쿠션I

반지 쿠션I를 우레탄의 가장자리에 붙인다.

27

반지 쿠션I를 감싸듯 우레탄을 접어 붙이고, 그 위에 반지 쿠션I를 하나 더 붙인다.

28

반지 쿠션I와 우레탄을 아코디언처럼 접는다.

29

같은 방법으로 반지 쿠션I 6개를 모두 붙인다.

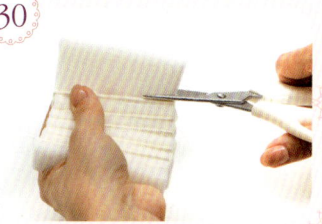

30

접고 남은 우레탄을 잘라낸다.

31

반지 쿠션J에 본드를 충분히 바르고 우레탄을 붙인다.

32 이곳은 신중하게!

우레탄을 밀어 넣어 단단히 고정시킨다.

33 이곳은 신중하게!

풀림 방지를 위해 원단10의 긴 변 두 곳과 우레탄 사이에 본드를 바른 뒤 주걱으로 끼워 넣는다.

34

다 붙이고 나면 원단을 2cm 정도 남기고 잘라낸 뒤 주걱으로 우레탄 밑에 끼워 넣는다.

35

본체의 안뚜껑에 완성된 속상자를 붙인다.

36

리본을 묶어 본체 윗부분을 장식하면 완성.

8
명함 지갑

완성 사이즈
가로10×세로6×두께1

재 료 (가로×세로)
* 속지1(안뚜껑)···9.5×7
* 원단1(겉면)/분홍색 무지···13×8
* 원단2(안뒷면)/꽃무늬···12×8
* 원단3(뒷면)/분홍색 무지···12×14
* 원단4(안뚜껑)/꽃무늬···12×8
* 원단5(우표)/꽃무늬···2×2

도 안
【1mm 판지】

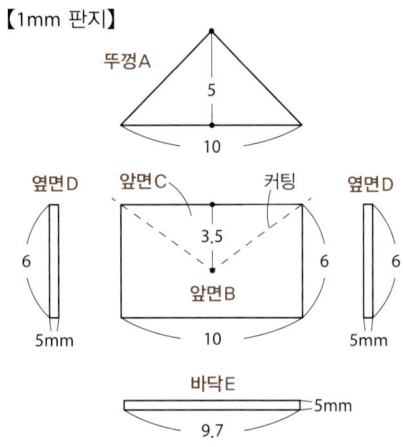

뚜껑A
5
10

옆면D
6
5mm

앞면C

커팅

옆면D
6
5mm

3.5
앞면B
10

바닥E
5mm
9.7

【0.5~0.8mm 판지】

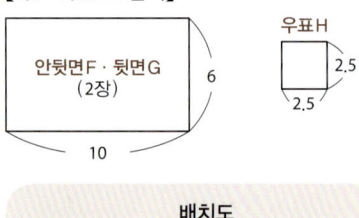

안뒷면F·뒷면G
(2장)
6
10

우표H
2.5
2.5

배치도

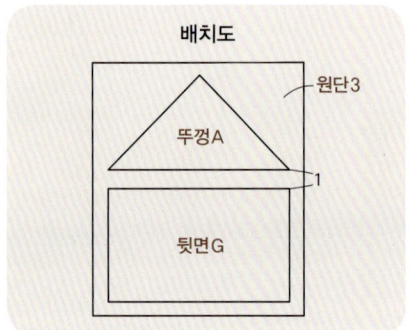

원단3
뚜껑A
1
뒷면G

순 서

1. 앞면B를 도안의 표시대로 잘라 앞면C를 만들고, 아랫변에 맞춰 붙인다.
2. 1에 옆면D와 바닥E를 붙여 본체를 만든다.
3. 본체 겉면에 원단1을 붙이고 주걱으로 턱진 부분을 정리한 뒤, 앞면 시접을 처리한다('앞면 시접 처리 방법' 참조).
4. 안뒷면F에 원단2를 붙이고 시접을 처리한다.
5. 4에 3의 나머지 세 변의 시접을 붙인다.
6. 원단3에 뒷면G와 뚜껑A를 1cm 간격으로 붙이고('배치도' 참조), 시접을 처리한다.
7. 뚜껑A를 본떠 속지1을 만들고 원단4에 붙인 뒤, 시접을 처리한다.
8. 6의 뚜껑 부분에 7을 붙인다.
9. 5의 본체에 8을 붙인다.
10. 우표H에 원단5를 붙이고 시접을 핑킹가위로 자른다.
11. 본체에 10을 붙이고, 스탬프와 받는 사람을 써 넣으면 완성.

앞면 시접 처리 방법

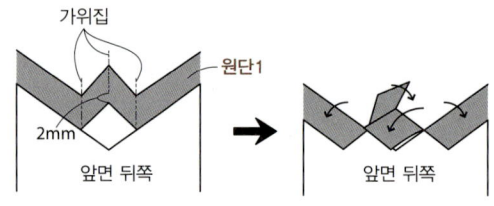

가위집
원단1
2mm
앞면 뒤쪽
앞면 뒤쪽

9
펜슬 케이스

완성 사이즈
가로20×세로6×높이3

재 료 (가로×세로)
* 속지1(안바닥)…19.6×5.6
* 속지2(주머니)…5×5.3
* 속지3(밴드)…1.5×8
* 속지4(안옆면)…51×2.2
* 원단1(겉옆면)/꽃무늬…54×5
* 원단2(겉바닥)/꽃무늬…22×8
* 원단3(이음매)/꽃무늬…19.6×4
* 원단4(안바닥)/빨간색 무지…22×8
* 원단5(뚜껑)/꽃무늬…22×8
* 원단6(안뚜껑)/빨간색 무지…22×8
* 원단7(주머니)/빨간색 스트라이프…8×8
* 원단8(밴드)/빨간색 스트라이프…3×8
* 원단9(안옆면)/빨간색 무지…53×4
* 리본(지지용)…3mm(폭)×12 1개
* 고무밴드…6mm(폭)×18 1개

도 안
【2mm 판지】

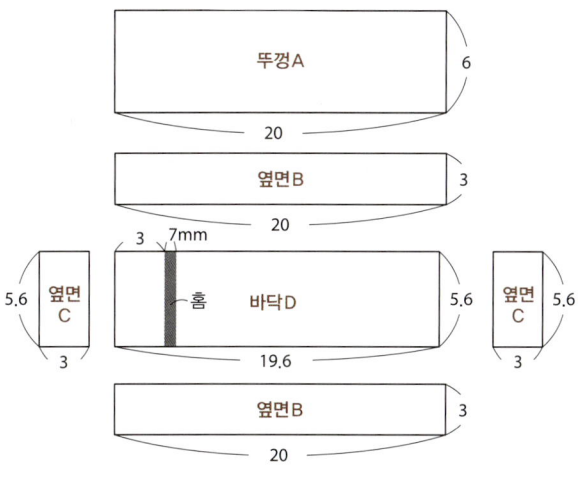

【0.5~0.8mm 판지】

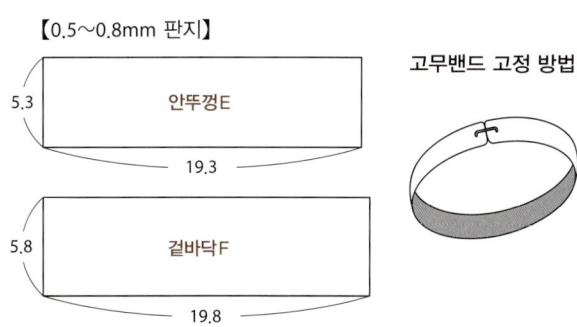

고무밴드 고정 방법

순 서
1. 바닥D에 도안의 표시대로 고무밴드용 홈을 판다.
2. 홈이 있는 쪽을 겉으로 해서 바닥D와 옆면B, C를 조립해 본체를 만든다.
3. 본체 겉옆면에 원단1을 붙이고 바닥 시접을 처리한다.
4. 고무밴드 끝을 스테이플러로 박아 원을 만들고 홈에 고정한다('고무밴드 고정 방법' 참조).
5. 겉바닥F에 원단2를 붙이고 시접을 처리한 뒤, 본체 겉바닥에 붙인다.
6. 입구 시접에 가위집을 넣고 이음매 변 이외의 시접을 모두 처리한다.
7. 남겨둔 시접에 원단3을 붙인다.
8. 속지1에 원단4를 붙이고 시접을 처리한 뒤, 본체 안바닥에 붙인다.
9. 뚜껑A에 원단5를 붙이고 시접을 처리한다.
10. 안뚜껑E에 원단6을 붙이고 시접을 처리한다.
11. 속지2에 원단7을 붙이고 윗변 시접을 처리한 뒤, 나머지 시접을 10의 뚜껑에 접어 붙여 주머니를 만든다.
12. 속지3에 원단8을 붙이고 위아래 시접을 처리한 뒤, 11에 붙여 물테이프로 보강한다.
13. 이음매에 9의 뚜껑을 붙이고 한쪽에 지지용 리본을 붙인다.
14. 본체 인뚜껑에 12를 붙인다.
15. 속지4에 원단9를 붙여 시접을 처리하고, 본체 안옆면에 붙이면 완성.

완성 사이즈
가로10 × 세로10 × 높이10

재 료 (가로×세로)
* 속지1(안바닥)…10×10 ※바닥A를 본떠서 자른다.
* 속지2(안옆면)…33×9.2
* 원단1(겉옆면)/꽃무늬…35×9
* 원단2(겉옆면)/보라색 스트라이프…35×3
* 원단3(겉바닥)/보라색 무지…12×12
* 원단4(안바닥)/보라색 무지…12×12
* 원단5(안옆면)/보라색 무지…35×11
* 리본…33 1개

순 서
1. 바닥A와 옆면B를 조립한다.
2. 겉옆면 아랫부분에 원단1을 붙이고, 바닥 시접을 처리한다.
3. 겉옆면의 윗부분에 원단1과 겹치지 않게 원단2를 붙이고, 입구 시접을 처리한다.
4. 겉바닥C에 원단3을 붙이고 시접을 처리한 뒤, 본체 겉바닥에 붙인다.
5. 속지1에 원단4를 붙이고 시접을 잘라낸 뒤, 본체 안바닥에 붙인다. 이때 시접은 안옆면에 붙인다.
6. 속지2에 원단5를 붙이고 시접을 처리한 뒤, 본체 안옆면에 붙인다.
7. 겉옆면의 원단1과 원단2의 경계에 리본을 붙이면 완성.

도 안

【2mm 판지】

바닥A
10

【1mm 판지】

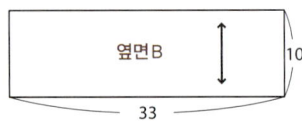

옆면B
33
10

【0.5〜0.8mm 판지】

겉바닥C
10

완성 사이즈
가로20 × 세로20

재 료 (가로×세로)
* 원단1(앞면)/보라색 무지…22×18
* 원단2(앞면)/보라색 스트라이프…17×5
* 원단3(뒷면)/보라색 무지…22×22
* 리본…20 2종류
* 레이스…17 1개

순 서
1. 앞면A의 윗부분에 원단1을 붙이고, 아랫부분에 원단2를 붙인 뒤 시접을 처리한다.
2. 원단1과 원단2의 경계에 리본과 레이스를 붙이고 양 끝을 뒤로 접는다.
3. 뒷면B에 원단3을 붙이고 시접을 처리한 뒤, 2의 뒤에 붙인다.
4. 뒤틀리지 않게 누름돌을 올려 말리면 완성.

도 안

【2mm 판지】

앞면A
20

【0.5〜0.8mm 판지】

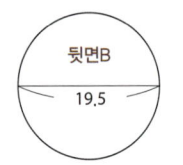

뒷면B
19.5

12
서류함

완성 사이즈
가로24 × 세로12 × 높이21

재료 (가로×세로)
* 속지1(안옆면A)…23.5×20.5 2장 ※도안 참조.
* 속지2(안옆면B, C, 안바닥D)…55×11.7 ※나중에 조정한다.
* 원단1(겉옆면)/보라색 무지…76×8
* 원단2(겉옆면)/꽃무늬…76×15
* 원단3(겉바닥)/보라색 무지…26×14
* 원단4(안옆면A)/보라색 도트…26×23 2장
* 원단5(안옆면B, C, 안바닥D)/보라색 도트…57
* 리본…1~1.5(폭)×75 1개

도안

【2mm 판지】

커팅 — 10

옆면A — 21

24

커팅 — 10

옆면C 12 / 11 · 바닥D 24 / 24 · 옆면A 21 / 24

【0.5~0.8mm 판지】

겉바닥E — 12 / 23.5

옆면B — 12 / 21

10.3 · 속지1 20.5 · 커팅 · 23.5

순 서
1. 옆면A, B, C와 바닥D를 조립해 본체를 만든다.
2. 본체 겉옆면 아랫부분에 원단1을 붙이고 바닥 시접을 처리한다.
3. 원단1과 겹치지 않게 겉옆면 윗부분에 원단2를 붙이고, 입구 시접을 처리한다.
4. 원단1과 원단2의 경계에 리본을 붙인다.
5. 겉바닥E에 원단3을 붙이고 시접을 처리한 뒤, 본체 겉바닥에 붙인다.
6. 속지1에 원단4를 붙이고, 입구의 직선과 곡선 시접을 처리한 뒤 본체 안옆면A에 붙인다. 나머지 시접은 안옆면B, C와 안바닥에 붙인다.
7. 속지2를 본체 B, C, D에 대고 크기를 조정한다.
8. 7에 원단5를 붙이고 시접을 처리한 뒤, 본체 B, C, D에 붙이면 완성.

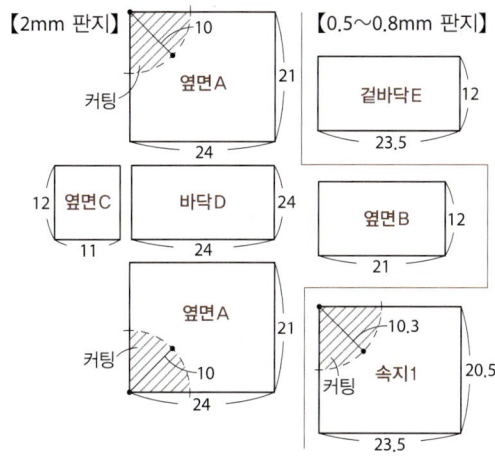

13
액자 A · B

완성 사이즈
가로21 × 세로30

재료 (가로×세로)
* 도화지(뒷면)…20×29
* 원단1(앞면): A−파란색 스트라이프/B−베이지 무지…23×32
* 원단2(주머니): A−파란색 무늬/B−베이지 체크…23×11
* 레이스…1.4(폭)×23 1개
* 액자, 둥근 레이스, 가죽고리, 징 장식, 술… 각 1개

순 서
1. 앞면A에 원단1을 붙이고 시접을 처리한다.
2. 주머니B에 원단2를 붙이고 윗변 시접을 처리한 뒤, 아랫변 시접의 양 모서리 2~3mm 바깥쪽을 45°로 자른다.
3. 나머지 세 변의 시접을 1에 접어 붙여 주머니를 만들고 레이스를 두른다.
4. 앞면에 리본을 교차해 붙이고 술, 둥근 레이스, 징 장식, 가죽고리를 달아 꾸민다.
5. 뒷면에 도화지를 붙이고 액자에 넣으면 완성.

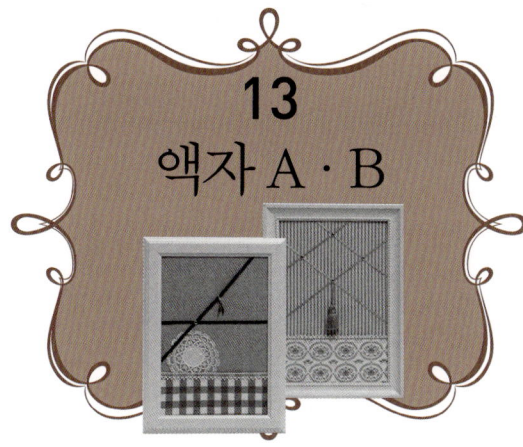

도안

【2mm 판지】

앞면A — 29.5 / 20.5

【0.5~0.8mm 판지】

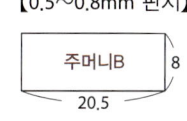

주머니B — 8 / 20.5

14
시계

완성 사이즈

가로16×세로13×높이13

재 료 (가로×세로)

* 속지1(안바닥)…14.2×11.2
* 속지2(안옆면)…42×11.2 ※나중에 조정한다.
* 속지3(뚜껑 옆면)…45×2 ※나중에 조정한다.
* 원단1(겉옆면)/꽃무늬…44×15
* 원단2(겉바닥)/빨간색 무지…16×13
* 원단3(안바닥)/빨간색 무지…16×13
* 원단4(안옆면)/빨간색 스트라이프…43×13
* 원단5(뚜껑)/빨간색 무지…17×14
* 원단6(뚜껑 옆면)/빨간색 무지…47×7
* 원단7(안뚜껑)/빨간색 무지…17×14
* 시계 부품…1세트
* 레이스…45 1개

도 안

【2mm 판지】

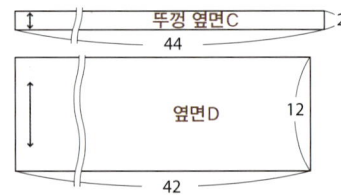

뚜껑A   바닥B

도안을 복사해서 자른 뒤 본뜬다.

【1mm 판지】

뚜껑 옆면C   2
44

옆면D   12
42

【0.5~0.8mm 판지】

안뚜껑E

뚜껑A를 본뜬 선에서
1mm 안쪽을 자른다.

겉바닥F

바닥B를 본뜬 선에서
1mm 안쪽을 자른다.

순 서

1. 뚜껑A와 뚜껑 옆면C, 바닥B와 옆면D를 각각 조립해 뚜껑과 본체를 만든다.
2. 본체 겉옆면에 원단1을 붙이고, 입구와 바닥 시접을 처리한다.
3. 겉바닥F에 원단2를 붙이고 시접을 처리한 뒤, 본체의 겉바닥에 붙인다.
4. 속지1에 원단3을 붙이고 시접을 잘라낸 뒤, 본체 안바닥에 붙인다. 이때 시접은 안옆면에 붙인다.
5. 속지2에 원단4를 붙이고 시접을 처리한 뒤, 본체 안옆면에 붙인다.
6. 뚜껑A에 원단5를 붙이고 시접을 처리한다.
7. 속지3에 원단6를 붙이고 긴 변과 짧은 변 시접을 하나씩 처리한다.
8. 7의 시접 처리한 쪽을 위로 해서 뚜껑 겉옆면에 빙 둘러 붙이고, 남은 시접은 뚜껑 안옆면에 접어 붙인다.
9. 안뚜껑E에 원단7을 붙이고 시접을 처리한 뒤, 본체 안뚜껑에 붙인다. 그리고 취향에 맞춰 레이스를 붙인다.
10. 시계를 달 곳에 가로세로 8mm로 구멍을 내고, 송곳으로 둥글게 다듬는다.
11. 시계를 달면 완성('시계 설치 방법' 참조).

종이본

바닥B · 겉바닥F

뚜껑A · 안뚜껑E

※200%로 확대 복사하여 사용.

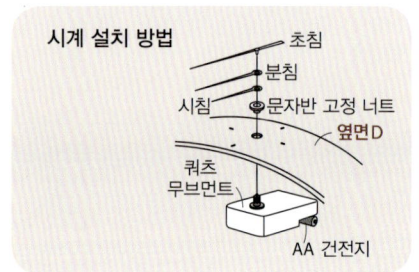

시계 설치 방법

초침
분침
시침   문자반 고정 너트
옆면D
쿼츠
무브먼트
AA 건전지

15
손거울

완성 사이즈
가로10 × 세로13 × 두께1

재 료 (가로×세로)
* 속지1(거울 뒷면)…9.5×12.5
* 원단1(주머니)/파란색 체크…12×6
* 원단2(테두리, 안쪽)/흰색 무지…13×16 2장
* 원단3(거울 뒷면)/흰색 무지…12×15
* 원단4(앞면)/파란색 무늬…13×30
* 원단5(이음매)/파란색 무늬…11×14
* 거울…10×13
* 레이스…13 1개
* 리본…13 1개

도 안

【2mm 판지】

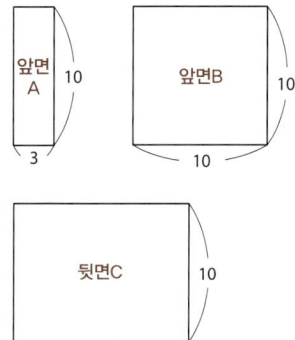

순 서
1. 주머니F에 원단1을 붙이고 윗변 시접을 처리한 뒤, 아랫변 시접의 양 모서리를 45°로 자른다.
2. 테두리D에 원단2를 붙이고, 테두리 안쪽 시접을 처리한다.
3. 2의 테두리에 거울을 붙이고, 거울의 두께에 맞춰 테두리의 바깥쪽 시접을 처리한다.
4. 속지1에 원단3을 붙이고 시접을 처리한 뒤, 거울 뒷면에 붙인다.
5. 안쪽E에 2에서 쓰고 남은 원단를 붙이고 시접을 처리한다.
6. 1의 나머지 세 변의 시접을 5에 접어 붙여 주머니를 만든다.
7. 원단4에 앞면A, B, 뒷면C를 붙이고 시접을 처리한다('배치도' 참조).
8. 7을 겉으로 뒤집어 이음매1의 바로 아랫부분에 리본과 레이스를 붙인다. 이때, 리본과 레이스가 라인에 닿지 않도록 주의한다.
9. 원단5의 긴 변 시접을 1cm 접어 본드로 붙이고, 이음매1과 2에 걸쳐 지게끔 붙인다.
10. 앞면A에 본드를 바르고 중앙에 순간접착제를 한 번 더 발라 거울을 붙인다.
11. 뒷면C에 6의 주머니를 붙이면 완성.

【0.5~0.8mm 판지】

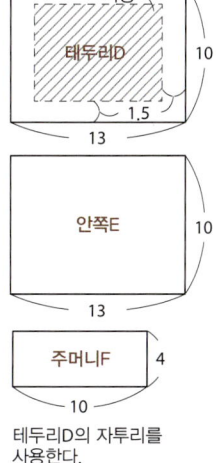

테두리D의 자투리를 사용한다.

배치도

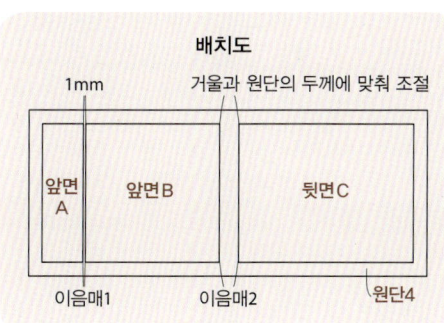

1mm

거울과 원단의 두께에 맞춰 조절

앞면A 앞면B 뒷면C

이음매1 이음매2 원단4

 TIP

거울을 붙일 때는 집게로 한 번 더 꾹 눌러주세요. 더욱 단단히 고정할 수 있습니다. 특히 가운데 부분은 리본의 두께가 있으므로 확실히 고정하세요.

16
메이크업 박스

완성 사이즈
가로14×세로14×높이14(손잡이 제외)

재 료 (가로×세로)
* 속지1(안바닥)…13.6×13.8
* 속지2(안옆면D)…13.6×7.9 ※옆면D에 맞춰 자르고, 자투리는 속지5로 활용한다.
* 속지3(뚜껑A-1, A-2)…13.8×14.4
* 속지4(안뚜껑, 안옆면C)…13.4×14.4
* 속지5(뚜껑 안옆면E)…6.7×6.7의 직삼각형 2장 ※속지2의 자투리를 활용한다.
* 도화지(서랍 겉바닥)…12.4×12.8
* 원단1(겉옆면)/분홍색 스트라이프…58×16
* 원단2(겉바닥)/분홍색 무지…16×16
* 원단3(안바닥)/분홍색 무지…16×16
* 원단4(안옆면D)/분홍색 도트…16×10 2장
* 원단5(뚜껑 겉옆면)/꽃무늬…32×28
* 원단6(이음매)/분홍색 도트…13.6×4

* 원단7(안뚜껑, 안옆면C)/분홍색 도트…16×17 * 원단8(뚜껑 안옆면)/꽃무늬…9×9 직삼각형 2장 ※속지2의 자투리를 활용한다. * 원단9(앞뚜껑 안쪽)/꽃무늬…16×12 * 원단10(안뚜껑)/분홍색 무지…16×9 * 원단11(서랍 겉옆면)/분홍색 스트라이프…54×12 * 원단12(서랍 안바닥)/분홍색 무지…14×15 * 원단13(거울 뒷면)/꽃무늬…15×15 * 원단14(거울 테두리)/분홍색 무지…15×15 * 가죽벨트…32 1개 * 리벳…2세트 * 솔트레지…2개

순 서
1. 바닥G와 옆면C, D를 조립하고, 옆면H를 옆면D의 안쪽, 옆면I를 옆면C의 안쪽에 붙여 본체를 만든다.
2. 옆면H와 I의 단면에 본드를 바르고, 선반J를 얹는다.
3. 옆면F를 선반J의 앞쪽에 세워 붙이고, 뚜껑A-1을 옆면 C, D의 윗부분에 붙인다.
4. 뚜껑A-2, 앞뚜껑B, 뚜껑 옆면E를 조립해 뚜껑을 만든다.
5. 바닥M, 옆면L, K를 조립해 서랍을 만든다.
6. 본체의 겉옆면에 원단1을 붙이고 바닥 시접을 처리한다.
7. 본체의 입구 시접을 처리하고, 옆면F의 시접은 본체의 안 바닥까지 길게 붙인다. 서랍 입구의 시접도 꼼꼼히 본체 안으로 넣어 처리한다('본체의 시접 처리 방법' 참조).
8. 겉바닥Q에 원단2를 붙이고 시접을 처리한 뒤, 본체 겉 바닥에 붙인다.
9. 속지1에 원단3을 붙이고 한 변만 시접을 처리한 뒤, 시접 처리한 변을 옆면F에 닿게 해 본체 안바닥에 붙인다. 나머지 시접은 본체 안옆면에 붙인다.
10. 속지2에 원단4를 붙이고 빗변과 밑변, 옆면F의 시접을 처리한 뒤, 본체 안옆면에 붙인다.
11. 원단5를 본체의 앞뚜껑과 뚜껑 겉옆면에 빙 둘러 붙인다.
12. 속지3을 뚜껑A-1, 2에 대고 크기를 조정한 뒤, 원단5에 붙이고 시접을 처리한다.
13. 12를 본체 뚜껑A-1, 2에 이어서 붙이고, 뚜껑을 열어 이음매에 확실하게 접음선을 만든다.

14. 뚜껑A-1, 2의 이음매에 원단6을 붙인다.
15. 속지4의 크기를 조정하고 원단7을 붙인 뒤, 시접을 처리하고 안뚜껑A-1부터 안옆면C까지 이어 붙인다.
16. 속지5에 원단8을 붙이고 빗변의 시접을 처리한 뒤, 뚜껑 안옆면E에 붙인다.
17. 앞뚜껑 안쪽R에 원단9를 붙이고 세 변의 시접을 처리한 뒤, 앞뚜껑B의 안쪽에 붙인다.
18. 안뚜껑S에 원단10을 붙이고 시접을 처리한 뒤, 솔트레지를 달고 뚜껑A-2를 솔트레지의 두께만큼 깎아 안뚜껑에 붙인다.
19. 본체 겉옆면에 가죽벨트를 단다.
20. 5의 서랍 겉옆면에 원단11을 붙이고, 시접을 처리한다. 이때 윗변의 시접은 안으로 넘겨 안옆면까지 붙인다.
21. 서랍의 겉바닥에 도화지를 붙인다.
22. 서랍의 안바닥에 원단12를 붙이고 시접을 처리한 뒤, 옆면L에 솔트레지를 끼워 손잡이를 만든다.
23. 거울의 뒷면O에 테두리N을 붙이고 그 뒷면에 원단13을 붙여 시접을 처리한다.
24. 테두리N 안에 거울을 붙이고, 겉면P에 원단14를 붙인 뒤 모든 시접을 처리한다.
25. 거울 가장자리에 끈을 붙이면 완성.

도 안

【2mm 판지】

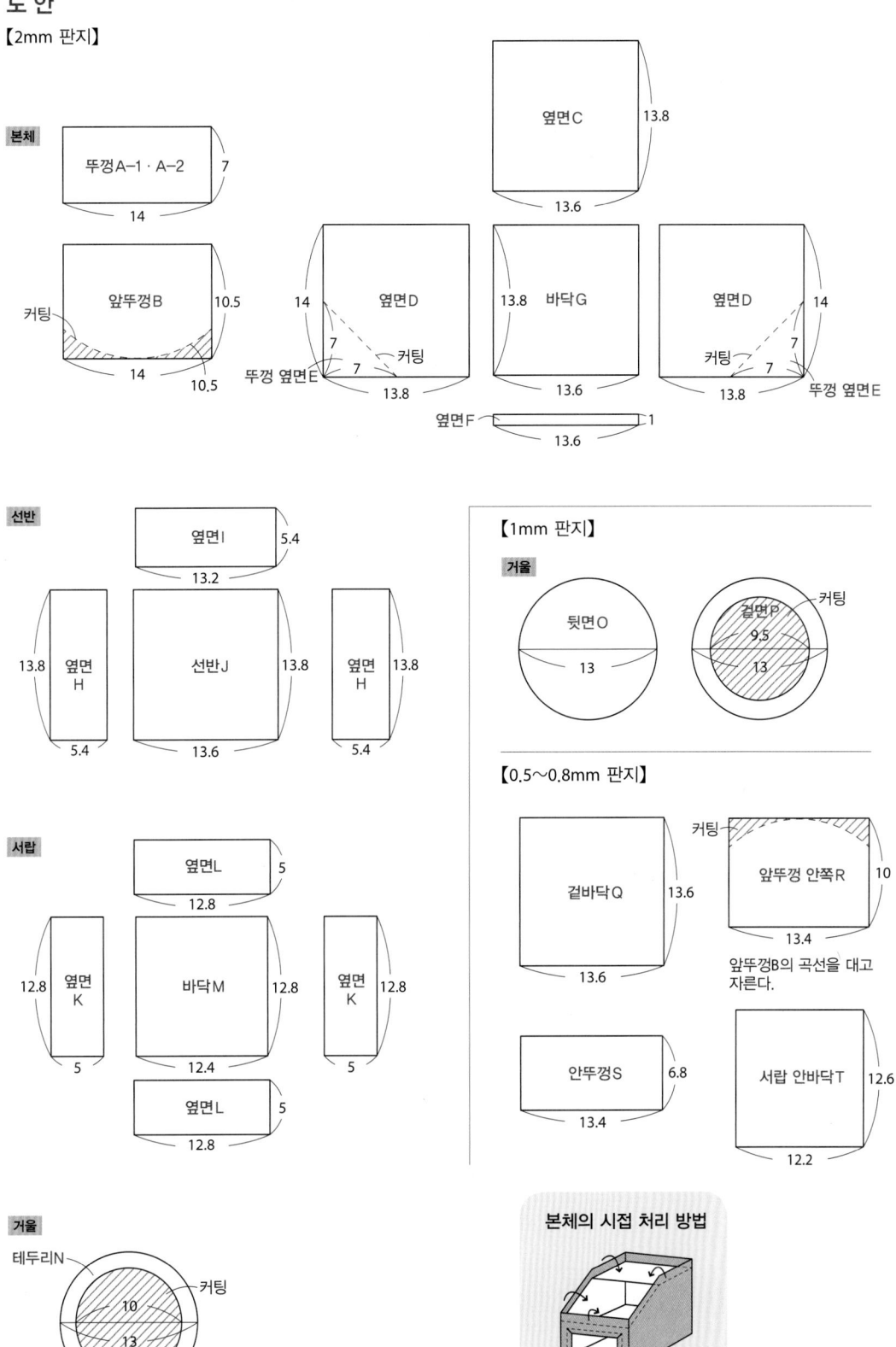

본체

뚜껑A-1 · A-2 7 14

옆면C 13.8 13.6

앞뚜껑B 10.5 14 10.5
커팅

옆면D 14 13.8
뚜껑 옆면E 7 7 커팅 13.8

바닥G 13.8 13.6

옆면D 14 커팅 7 7 13.8
뚜껑 옆면E

옆면F 1 13.6

선반

옆면I 5.4 13.2

옆면H 13.8 5.4

선반J 13.8 13.6

옆면H 13.8 5.4

서랍

옆면L 5 12.8

옆면K 12.8 5

바닥M 12.8 12.4

옆면K 12.8 5

옆면L 5 12.8

거울

테두리N
커팅
10
13

【1mm 판지】

거울

뒷면O 13

겉면P 커팅 9.5 13

【0.5～0.8mm 판지】

겉바닥Q 13.6 13.6

앞뚜껑 안쪽R 커팅 10 13.4

앞뚜껑B의 곡선을 대고
자른다.

안뚜껑S 6.8 13.4

서랍 안바닥T 12.6 12.2

본체의 시접 처리 방법

17
사다리꼴 바구니

완성 사이즈

가로12× 세로12×높이10 (손잡이 제외)

재 료 (가로×세로)

* 속지1 (겉옆면)…도안 참조 2장
* 속지2 (안바닥)…8×8 ※바닥을 본떠서 재단한다.
* 속지3 (안옆면)…도안 참조 4장
* 도화지 (겉바닥)…9.5×9.5
* 원단1 (겉옆면)/꽃무늬…14×12 4장
* 원단2 (받침판)/분홍색 무지…12×12
* 원단3 (안바닥)/분홍색 체크…10×10
* 원단4 (손잡이)/분홍색 체크…25×7
* 원단5 (안옆면)/분홍색 무지…14×12 4장
* 레이스…50 1개

도 안

【2mm 판지】

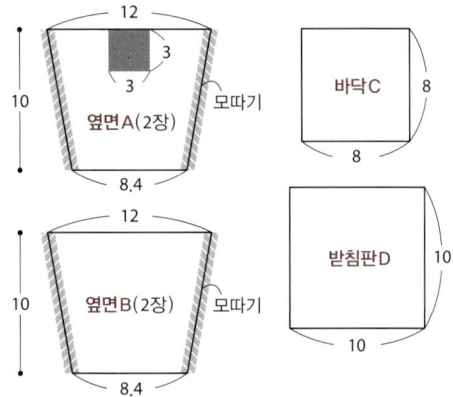

순 서

1. 옆면A, B의 빗변을 모따기하고 ('모따기 방법' 참조), 안옆면A의 손잡이 달 위치에 3×3으로 칼집을 내 벗긴다.
2. 옆면A와 옆면B 2장이 서로 마주 보게끔 바닥C와 조립한다.
3. 겉옆면B에 원단1 2장을 붙이고 시접을 처리한다.
4. 속지1에 남은 원단1을 붙이고 빗변의 시접을 처리한다.
5. 4를 겉옆면A에 붙이고 입구와 바닥 시접을 처리한다.
6. 받침판D에 원단2를 붙여 시접을 처리하고, 뒷면에 도화지를 붙인 뒤, 본체 겉바닥에 붙인다.
7. 속지2에 원단3을 붙이고 시접을 잘라낸 뒤, 본체 안바닥에 붙인다. 이때 시접은 안옆면에 붙인다.
8. 입구 가장자리에 레이스를 단다.
9. 손잡이E에 원단4를 붙이고, 안옆면A의 판지를 벗겨낸 부분에 고정한 뒤 물테이프로 보강한다.
10. 속지3 2장에 원단5를 붙이고, 위아래 시접을 처리한 뒤 안옆면B에 붙인다.
11. 남은 속지3 2장을 안옆면A에 대고 크기를 조정한다.
12. 11에 원단5를 붙이고 시접을 처리한 뒤, 안옆면A에 붙이면 완성.

【1mm 판지】

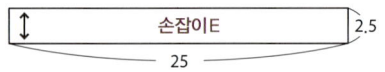

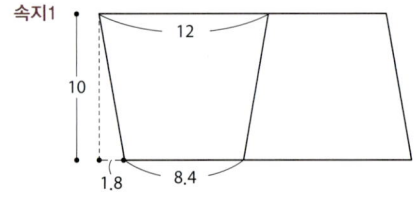

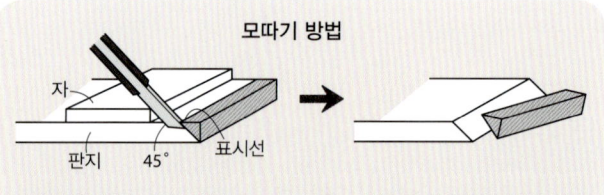

모따기 방법

자를 절취선보다 약간 뒤에 놓고, 커터 날을 45°정도로 기울여 얇게 깎아낸다.

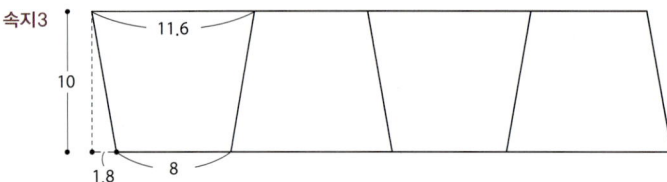

18
리모컨꽂이

완성 사이즈
가로16× 세로8×높이18(손잡이 제외)

재 료 (가로×세로)
* 속지1(안옆면B, 안바닥C)…35×7.5
* 원단1(겉옆면)/베이지 도트…51×20
* 원단2(겉바닥)/베이지 도트…18×10
* 원단3(안옆면E)/꽃무늬…18×20 2장
* 원단4(안옆면B, 바닥C)/꽃무늬…37×10
* 원단5(칸막이)/꽃무늬…8×16.5
* 리본, 레이스…1(폭)×50 각 1개
* 리벳…2세트
* 가죽벨트…20 1개

도 안
【2mm 판지】

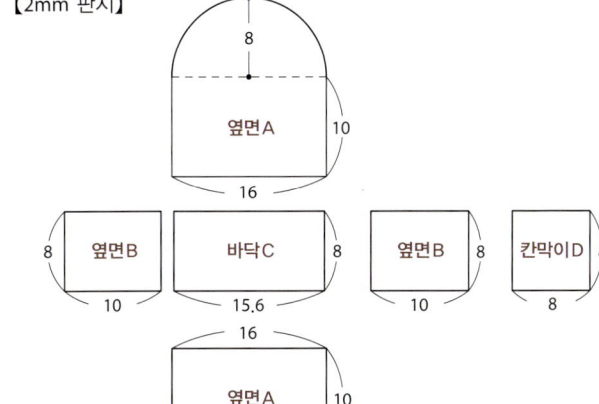

순 서
1. 옆면A, B와 바닥C를 조립해 본체를 만든다.
2. 겉옆면에 원단1을 붙이고 바닥 시접을 처리한다.
3. 겉바닥F에 원단2를 붙이고 시접을 처리한 뒤, 본체 겉바닥에 붙인다.
4. 본체 입구 시접을 꼼꼼히 처리한다.
5. 안옆면E에 원단3을 붙이고 곡선 시접을 처리한다('안옆면E의 시접 처리 방법' 참조).
6. 5를 본체 안옆면A에 붙이고 남은 시접은 본체 안옆면에 붙인다.
7. 속지1을 본체 안옆면B와 안바닥에 맞춰 조정한 뒤, 원단4를 붙이고 시접을 처리한다.
8. 7을 본체 안옆면과 안바닥에 붙인다.
9. 칸막이D에 원단5를 감아 붙이고 여분을 잘라낸 다음, 본체에 끼워 붙인다.
10. 겉옆면에 취향에 맞춰 리본과 레이스를 단다.
11. 입구의 2.5cm 아래에 가죽벨트와 술을 달아 완성.

【0.5～0.8mm 판지】

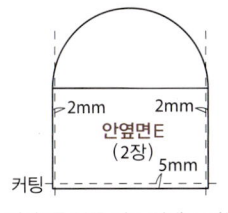

옆면A를 본뜬 뒤 도안대로 자른다.

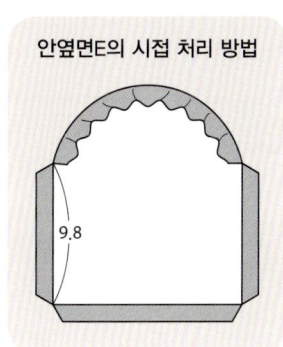

안옆면E의 시접 처리 방법

19
바인더

완성 사이즈

가로24 × 세로31 × 두께3

재 료 (가로×세로)

* 원단1(안면)/보라색 무지…25×32 2장
* 원단2(주머니)/꽃무늬…15×15 2장
* 원단3(겉면)/보라색 무지…55×34
* 원단4(띠)/꽃무늬…15×34
* 원단5(이음매)/꽃무늬…32×7
* 리본…1(폭)×34 2개
* 바인더 장식…1세트

도 안

【2mm 판지】　　　　　　　　【0.5~0.8mm 판지】

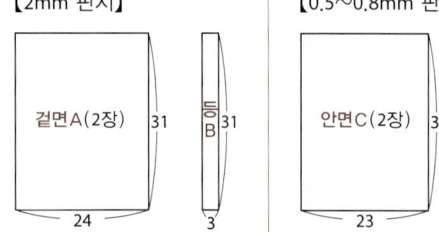

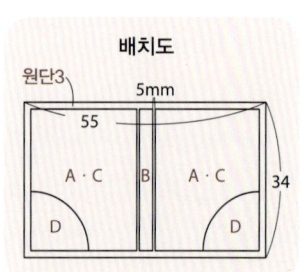

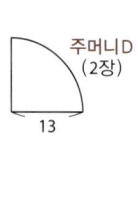

순 서

1. 안면C에 원단1을 붙이고 시접을 처리한다.
2. 주머니D에 원단2를 붙이고, 곡선 시접을 처리한다.
3. 주머니D의 직선 시접을 1의 안면에 접어 붙여 주머니를 만든다.
4. 원단3에 겉면A, 등B를 5mm 간격으로 붙이고 시접을 처리한다('배치도' 참조).
5. 원단4의 긴 변 시접을 1cm씩 접어 붙인 다음, 4의 바깥쪽 중앙에 붙이고 남은 시접을 처리한 뒤, 리본을 단다.
6. 원단5의 짧은 변 시접을 1cm씩 접어 붙이고, 6의 안쪽 이음매 부분에 붙인다. 이때, 이음매 원단을 틈새에 확실히 밀어 넣도록 한다.
7. 6의 안쪽 좌우에 3을 붙인다('배치도' 참조).
8. 바인더 장식을 고정하면 완성.

20
멀티 박스

완성 사이즈

가로19 × 세로14 × 높이7

재 료 (가로×세로)

* 속지1(안바닥)…17×13
* 속지2(안옆면)…60×5.2
* 원단1(겉옆면)/흰색 무지…63×8
* 원단2(안바닥)/파란색 체크…19×15
* 원단3(안옆면)/흰색 무지…62×7
* 원단4(겉면)/꽃무늬…22×39
* 원단5(이음매)/꽃무늬…16.8×4
* 원단6(안뚜껑)/파란색 무지…19×15
* 우레탄…19×15 ※두께는 5mm.
* 리본(지지용)…3mm(폭)×15 1개
* 리본…1~1.5(폭)×40 1개
* 레이스…23 1개

완성 사이즈

가로8.5 × 세로5

재 료 (가로×세로)

* 원단1(테두리)/분홍색 무지…10×8
* 원단2(안면)/꽃무늬…11×7
* 원단3(뒷면)/분홍색 체크…11×7
* 가죽끈…20 1개
* 열쇠고리…1개

도 안

【1mm 판지】

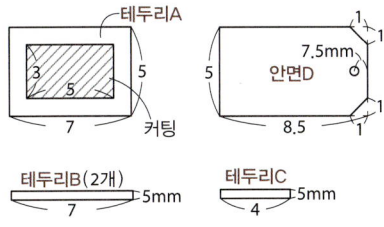

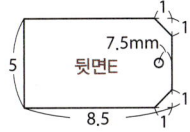

순 서

1. 테두리A에 테두리B, C를 ㄷ자 모양으로 붙인다.
2. 1에 원단1을 붙이고, 테두리 안쪽 시접을 처리한다.
3. 테두리의 바깥쪽의 윗변 시접을 처리하고, 아랫변 시접은 양 모서리의 4~5mm 바깥쪽을 자른다('테두리의 시접 처리 방법' 참조).
4. 안면D에 원단2를 붙이고 시접을 처리한다.
5. 4의 안면D에 3의 남은 테두리 시접을 모두 붙인다.
6. 뒷면E에 원단3을 붙이고 5에 고정한 뒤, 시접을 처리한다.
7. 구멍을 뚫어 가죽끈과 열쇠고리를 끼우면 완성.

테두리의 시접 처리

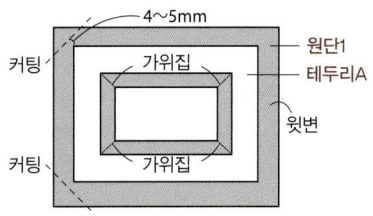

도 안

【2mm 판지】

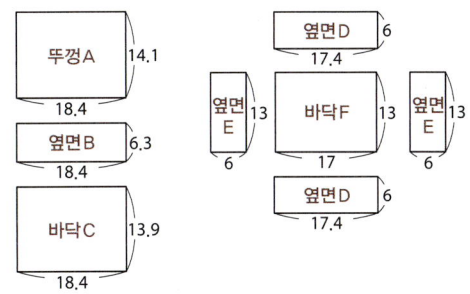

【0.5~0.8mm 판지】

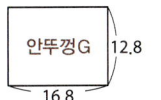

순 서

1. 옆면D, E와 바닥F를 조립해 본체를 만든다.
2. 본체 겉옆면에 원단1을 붙이고 입구와 바닥 시접을 처리한다.
3. 속지1에 원단2를 붙이고 시접을 잘라낸 뒤, 본체 안바닥에 붙인다. 이때, 시접은 안옆면에 붙인다.
4. 안옆면의 한쪽에 지지용 리본을 단다.
5. 속지2에 원단3을 붙이고 시접을 처리한 뒤, 본체 안옆면에 붙인다.
6. 뚜껑A에 우레탄을 붙이고 여분을 잘라낸 뒤, 모서리를 모 따기한다.
7. 원단4 위에 뚜껑A, 옆면B, 바닥C를 5mm 간격으로 놓고, 옆면B와 바닥C를 붙인 뒤 시접을 처리한다.
8. 뚜껑A의 단면(보이는 변)에 본드를 바르고 원단4에 세워서 붙인 다음 이음매 부분에 원단5를 붙인다.
9. 8에 4의 지지용 리본을 안뚜껑에 붙인다.
10. 안뚜껑G에 원단6을 붙이고 시접을 처리한 뒤, 본체 안뚜껑에 붙이면 완성.

22
배니티 백

완성 사이즈
가로17 × 세로16 × 높이13 (손잡이 제외)

재료 (가로×세로)

* 속지1(안바닥)…16×16 ※바닥B를 본떠서 자른다.
* 속지2(뚜껑 겉옆면)…41×2 ※나중에 조정한다.
* 속지3(안옆면)…50×11.2
* 원단1(겉옆면)/녹색 스트라이프…52×14
* 원단2(겉바닥)/녹색 무지…18×18
* 원단3(이음매)/녹색 스트라이프…11.5×4
* 원단4(안바닥)/녹색 무지…18×18
* 원단5(뚜껑)/꽃무늬…19×19
* 원단6(뚜껑 겉옆면)/녹색 무지…43×7
* 원단7(안뚜껑)/녹색 무지…19×19
* 원단8(주머니)/녹색 체크…19×8
* 원단9(안옆면)/녹색 도트…51×13
* 리본(지지용)…3mm(폭)×20 1개
* 레이스(주머니)…19×19 1개
* 리본(주머니)…19 1개
* 트렁크 자물쇠…1개
* 리벳…2세트
* 가죽벨트…15 1개

순서

1. 바닥B와 옆면D, 뚜껑A와 뚜껑 옆면C를 각각 조립한다.
2. 본체 겉옆면에 원단1을 붙이고 입구와 바닥 시접을 처리한다.
3. 겉바닥G에 원단2를 붙이고 시접을 처리한 뒤, 본체 겉바닥에 붙인다.
4. 이음매가 되는 직선 변에 원단3을 붙인다.
5. 속지1에 원단4를 붙이고 시접을 핑킹가위로 잘라낸다.
6. 본체 안바닥에 5를 붙이고 시접을 본체 안옆면에 붙인다.
7. 뚜껑에 원단5를 붙이고 시접을 처리한다.
8. 속지2를 뚜껑 겉옆면에 대고 크기를 조정한 뒤, 원단6을 붙이고 시접을 처리해('속지2의 시접 처리 방법' 참조) 뚜껑 겉옆면에 붙인다.
9. 8에서 남은 여분의 시접을 핑킹가위로 잘라내고 뚜껑 안옆면에 붙인다. 이때 양 끝의 원단은 안으로 접어 넣는다('속지2의 시접 처리 방법' 참조).
10. 뚜껑에 구멍을 뚫고 가죽벨트를 단다. 이때 리벳의 두께만큼 미리 판지를 깎아두면 좋다('손잡이 부착 위치' 참조).
11. 안뚜껑E에 원단7을 붙이고 시접을 처리한다.
12. 주머니F에 원단8을 붙이고 가장 긴 변의 시접을 처리한다.
13. 12의 나머지 시접을 11에 붙여 주머니를 만들고, 레이스와 리본을 단다.
14. 이음매에 10의 뚜껑을 붙이고 한쪽에 지지용 리본을 단다.
15. 본체 안뚜껑에 13을 붙인다.
16. 뚜껑과 본체에 트렁크 자물쇠를 단다.
17. 속지3에 원단9를 붙이고 시접을 처리한 뒤, 본체 안옆면에 붙인다.
18. 네임태그를 만들어 가죽벨트에 달면 완성.

 TIP

뚜껑과 본체 사이에 틈이 생겼을 경우, 뚜껑의 모양에 맞춰 본체를 조정하세요.

도 안

【2mm 판지】

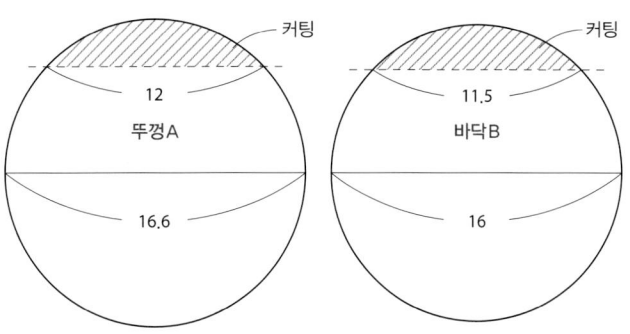

【1mm 판지】

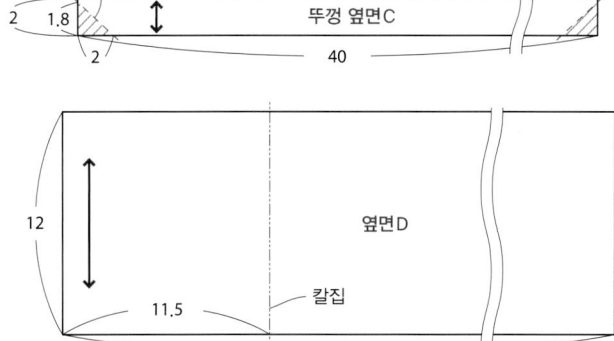

【0.5～0.8mm 판지】

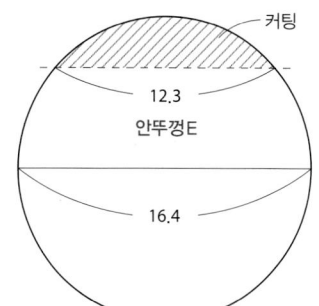

뚜껑A를 본뜬 뒤 선에서
1mm 안쪽을 자른다.

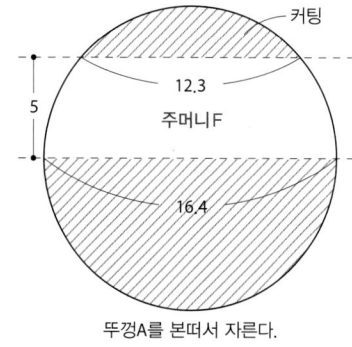

뚜껑A를 본떠서 자른다.

겉바닥G
11.5
16

바닥G를 본뜬다.

속지2의 시접 처리 방법

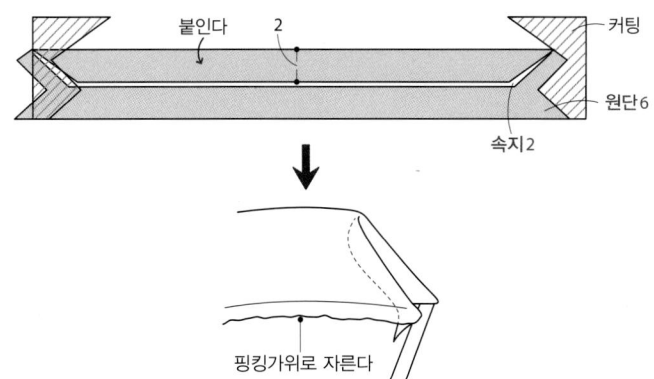

핑킹가위로 자른다

손잡이 부착 위치

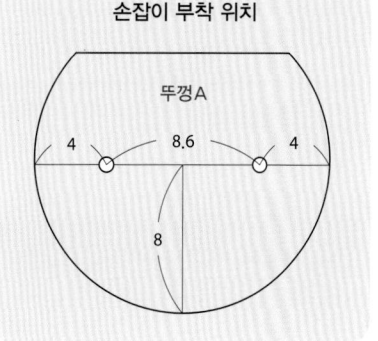

23
선물 상자

완성 사이즈
가로15 × 세로15 × 높이15

재 료 (가로×세로)
* 도화지(서랍 겉바닥)…5.8×7.2 8장
* 원단1(겉옆면)/도트…63×17
* 원단2(겉뚜껑)/도트…17×17
* 원단3(겉바닥)/도트…17×17
* 원단4(서랍 겉옆면)/도트…29×15 8장
* 원단5(서랍 안바닥)/무지…8×9 8장
* 리본…1(폭)×250 1개
* 솔트레지…8개

순 서
1. 바닥D에 도안을 참조해 보조선을 긋고, 옆면B, C를 조립해 본체를 만든다.
2. 바닥D의 보조선을 따라 칸막이E 4장을 붙인다.
3. 선반G 중 1장에만 보조선을 그어둔다.
4. 2의 칸막이E 위에 보조선을 긋지 않은 선반G를 붙이고, 그 위에 칸막이F 2장을 1/3 간격으로 붙인다('칸막이 붙이는 방법' 참조).
5. 4 위에 보조선을 긋지 않은 선반G를 붙이고, 그 위에 나머지 칸막이E 4장을 보조선을 따라 붙인다.
6. 5 위에 뚜껑A를 붙인다.
7. 옆면H, I와 바닥J를 조립해 서랍 8개를 만든다.
8. 본체 겉옆면에 원단1을 붙이고 본체의 위아래 시접과 서랍 입구의 시접을 처리한다('서랍 입구의 시접 처리 방법' 참조).
9. 겉뚜껑K와 겉바닥L에 각각 원단2와 원단3을 붙인 뒤, 시접을 처리하고 본체의 겉뚜껑과 겉바닥에 붙인다.
10. 7의 서랍 겉옆면에 원단4를 붙이고 위아래 시접을 처리한 뒤, 서랍의 겉바닥에 도화지를 붙인다.
11. 서랍 안바닥M에 원단5를 붙이고 시접을 자른 뒤, 서랍 안바닥에 붙인다. 시접은 안옆면에 붙인다.
12. 서랍의 옆면I에 솔트레지를 달고, 본체 겉옆면에 리본을 달면 완성.

 TIP

이 작품은 구조가 복잡하므로, 되도록 정확하게 판지를 자르고 세심하게 조립하세요.

칸막이 붙이는 방법

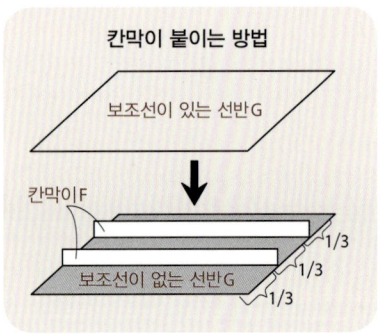

보조선이 있는 선반G

칸막이F

보조선이 없는 선반G

1/3
1/3
1/3

서랍 입구의 시접 처리 방법

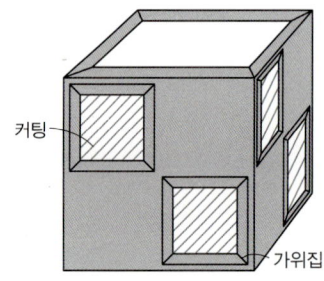

커팅

가위집

도안

【2mm 판지】

본체

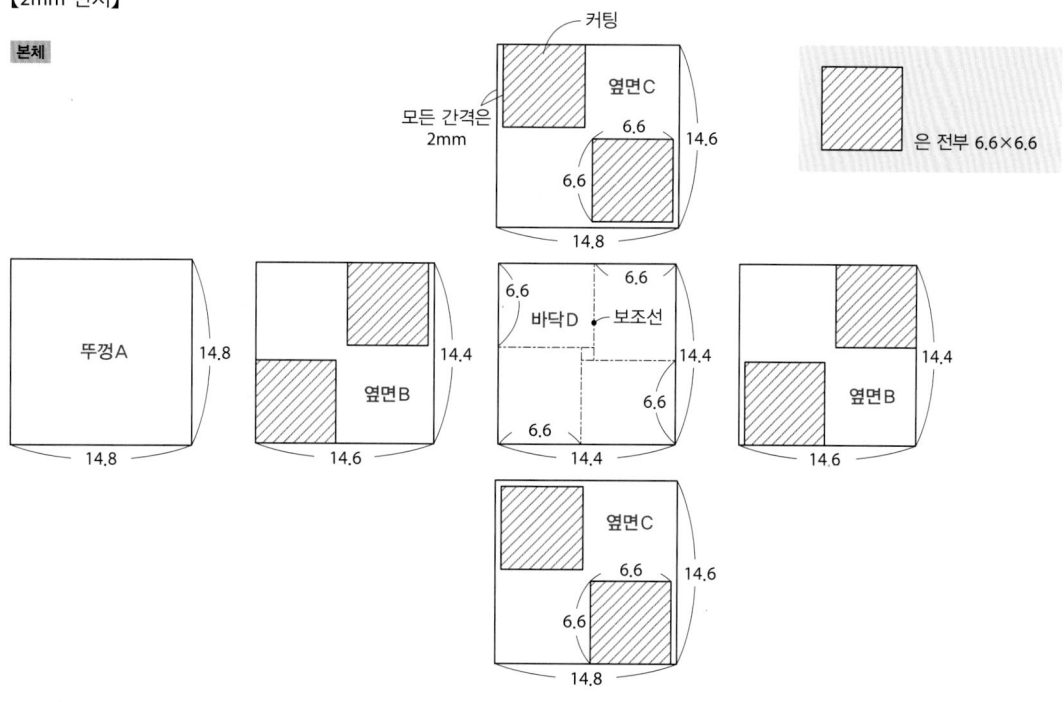

커팅

옆면C

모든 간격은 2mm

6.6
6.6
14.6
14.8

은 전부 6.6×6.6

뚜껑A
14.8
14.8

옆면B
6.6
14.4
14.6

바닥D · 보조선
6.6
6.6
14.4
6.6
6.6
14.4

옆면B
14.4
14.6

옆면C
6.6
14.6
6.6
14.8

선반

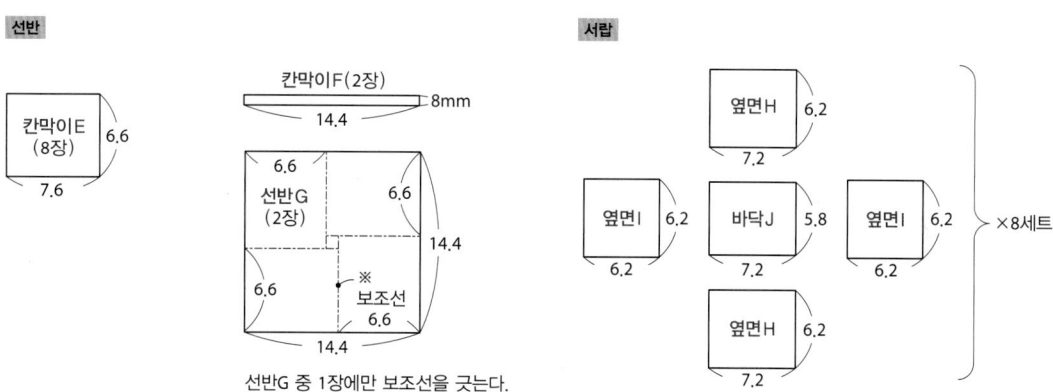

칸막이E
(8장)
6.6
7.6

칸막이F(2장)
14.4
8mm

선반G
(2장)
6.6
6.6
14.4
6.6
보조선
6.6
14.4

선반G 중 1장에만 보조선을 긋는다.

서랍

옆면H
6.2
7.2

옆면I
6.2
6.2

바닥J
5.8
7.2

옆면I
6.2
6.2

옆면H
6.2
7.2

×8세트

【0.5〜0.8mm 판지】

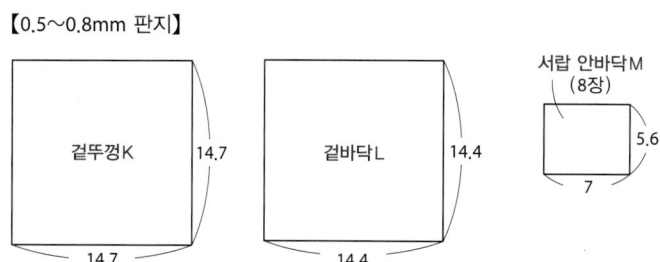

겉뚜껑K
14.7
14.7

겉바닥L
14.4
14.4

서랍 안바닥M
(8장)
5.6
7

마치는 글

유럽의 전통 수공예 '까또나주(Cartonnage)'는 판지에 천을 붙여 상자를 만드는 작업을 말합니다. 여러 가지 형태와 기능을 조합해 개성적인 작품을 만들 수 있다는 것이 까또나주의 매력이지요.

판지에 어떤 천을 붙이느냐에 따라 다양한 분위기가 나는 것 또한 까또나주의 묘미입니다. 이 책에서는 주로 사랑스러운 꽃무늬 천을 사용했지만, 트왈 드 주이(Toile De Jouy)나 무아레(moire) 천으로 원숙한 분위기를 주어도 좋습니다. 가공하지 않은 리넨으로 자연스러움을 연출하거나, 리본이나 술로 장식을 해도 예쁘지요.

까또나주의 재미와 노하우를 익혔다면 여러분만의 아이디어와 개성을 담아 작품을 만들어보세요. 애정을 담아 작업할수록 정교하고 사랑스러운 작품이 탄생할 것입니다.

로즈베리 아틀리에
사에키 마키

유럽에서 온
핸드메이드 까또나주

초판 1쇄 발행 2014년 12월 30일

—

지은이 사에키 마키
옮긴이 김남미

—

편집 김민정, 김은지
디자인 한희정
마케팅 이은기, 정현우

—

발행인 김인태
발행처 삼호미디어
등록 1993년 10월 12일 제21-494호
주소 서울특별시 서초구 바우뫼로41길 18 원원센터 4층
문의 02-544-9456 **팩스** 02-512-3593
홈페이지 www.samhomedia.com

—

ISBN 978-89-7849-515-8 (13630)

이도서의 국립중앙도서관 출판시도서목록(CIP)은
서지정보유통지원시스템 홈페이지(http://seoji.nl.go.kr)와
국가자료공동목록시스템(http://www.nl.go.kr/kolisnet)에서
이용하실 수 있습니다.
CIP제어번호 : CIP2014033417